Ulrike Hauswaldt

Ägypten

Mit Illustrationen von
Hauke Kock

cbj ist der Kinder- und Jugendbuchverlag
in der Verlagsgruppe Random House

Unser herzlicher Dank gilt Dr. Julia Budka, Humboldt-Universität zu Berlin, für ihre fachliche Beratung und die Hilfe beim Beschaffen von aktuellen Fotos; dem Deutschen Archäologischen Institut Abteilung Kairo, besonders Prof. Dr. Stephan Seidlmayer und Prof. Dr. Günter Dreyer, für die Erlaubnis, das Projekt Abydos als konkretes Fallbeispiel nennen zu dürfen, und Dr. Dietrich Raue für die Bereitstellung von Fotos; außerdem allen anderen, die gute Ideen zum Buch beigesteuert haben, vor allem Hilla Stadtbäumer von der Redaktion der Sendung mit der Maus.

Verlagsgruppe Random House FSC-DEU-0100
Das für dieses Buch verwendete FSC®-zertifizierte Papier
Eurobulk von Biberist liefert Papier Union.

Gesetzt nach den Regeln der Rechtschreibreform

1. Auflage 2011
© 2011 cbj, München
© I. Schmitt-Menzel / WDR mediagroup licensing GmbH
Die Sendung mit der Maus ® WDR
Alle Rechte vorbehalten
Lektorat: Anette Weiß
Bildredaktion: Tanja Nerger
Umschlagbild und Innenillustrationen: Hauke Kock
Umschlagkonzeption: Init. büro für gestaltung, Bielefeld
Bildnachweis für Innenfotos: Agentur Focus, Hamburg: 37 (Berrod/SPL); Akg-Images, Berlin: 22, 29 o.;
Alamy Images, UK: 30 (John Elk III); Budka Julia: 26, 27; Corbis, Düsseldorf: 11 (Radius Images),
23 (Gian Berto Vanni), 36 (Sandro Vannini), 40 (Franz-Marc Frei), 50 (Gianni Dagli Orti);
Deutsches Archäologisches Institut Abteilung Kairo: 25, 29 u.; Gettyimages, München: 49 (Cris Bouroncle);
Interfoto, München: 5 (Mary Evans); iStockphoto: 8 (Jose Ignacio Soto); Picture Desk, UK: 21 o. (The Art Archive/
Musée du Louvre Paris/Gianni Dagli Orti); The British Museum, UK: 21 u. (The Trustees of the British Museum)
Mausillustrationen: Ina Mertens
AW · Herstellung: AnG
Layout und Satz: Sabine Hüttenkofer, Großdingharting
Reproduktion: Wahl Media GmbH, München
Gesamtherstellung: PrintConsult GmbH, München
ISBN 978-3-570-13164-0
Printed in Slovac Republic

www.cbj-verlag.de

Inhalt

- 4 — Wie wurde das Grab des Tutanchamun entdeckt?
- 6 — Warum wussten die Menschen im alten Ägypten schon so viel?
- 8 — Wie wurde man Pharao?

Panoramaseite

- 10 — Aus wie vielen Steinen besteht die Cheopspyramide?
- 16 — Wie wurde ein Pharao zur Mumie und wie lange dauerte das?
- 18 — Warum gibt es in Pyramiden Irrgänge?
- 20 — Wie wurden die Toten bestattet, die keine Pyramide bekamen?
- 22 — Woher weiß man, was die Hieroglyphen bedeuten?

Folienseite

- 24 — Wer arbeitet auf einer Grabung?
- 26 — Was machen Ägyptologen?
- 28 — Gibt es heute noch Grabräuber?
- 30 — Was für Wohnungen hatten die alten Ägypter?
- 32 — Wie haben sich die Ägypter die Zähne geputzt?
- 34 — Sind die ägyptischen Kinder zur Schule gegangen?
- 36 — Warum hatten die Ägypter so komische Frisuren?
- 38 — Warum wurden in Ägypten Katzen verehrt?

Folienseite

- 40 — Wie sah ein ägyptischer Tempel aus?
- 42 — Was für Schiffe hatten die Ägypter?
- 44 — Hatten die Ägypter Feinde?
- 46 — Hatten die Ägypter schon Geld?
- 48 — Woran ist Kleopatra gestorben?
- 50 — Gab es im alten Ägypten schon Bücher?
- 52 — Wie haben die Menschen damals ihre Zeit genannt?
- 54 — Mauslexikon*
- 55 — Register

* Alle Begriffe, die im Text farbig hervorgehoben sind, werden im Mauslexikon erklärt.

Wie wurde das Grab des Tutanchamun entdeckt?

Tutanchamun hatte nicht nur einen Sarg, sondern gleich drei. Der innerste Sarg, der sich eng um seinen Körper schloss, war aus reinem Gold.

Das Grab des Tutanchamun ist eines der prächtigsten Königsgräber in Ägypten. Es liegt im Tal der Könige, wo die ägyptischen Könige einige hundert Jahre lang in geheimen Grabkammern bestattet wurden. Diese Gräber sind in den Kalksteinfels hineingehauen und liegen unter der Erde. Zu jeder Grabkammer führt ein Gang, der nach dem Begräbnis sorgfältig zugeschüttet wurde. Da könnte man doch meinen, dass diese Gräber gar nicht so leicht zu entdecken waren, oder?

Doch Grabräuber kannten das Tal der Könige und haben es 3000 Jahre lang ausgeplündert. So gründlich, dass in den meisten Gräbern nur noch die Wandbemalung übrig blieb.

Als der Engländer Howard Carter vor etwa 100 Jahren die Erlaubnis bekam, im Tal der Könige zu graben, waren sich alle einig: Dort gab es nichts mehr zu entdecken. Jedes Jahr strömten Touristen dorthin. Und Archäologen hatten das gesamte Gelände längst untersucht und den Boden mehrfach durchsiebt.

Aber Carter glaubte fest daran, dass irgendwo in dem Tal noch das Grab des Königs Tutanchamun sein musste. Schließlich hatte man bei Grabungen einige Gegenstände gefunden, die den Namen des Königs trugen: einen Becher, ein hölzernes Kästchen, ein paar Scherben. Acht Jahre lang suchte er vergeblich. Er war verzweifelt und wollte schon aufgeben, als er auf einige Treppenstufen stieß. Als niemand mehr daran glaubte, hatte Howard Carter tatsächlich den Eingang zum Grab des Tutanchamun gefunden.

Vorsichtig legte er die erste Tür frei, und ihm stockte der Atem: Die Tür war noch verschlossen und versiegelt, er hatte ein Grab entdeckt, das nicht von Grabräubern geplündert worden war. Als das Team die zweite Tür vom Schutt befreit hatte, machten sie ein kleines Guckloch hinein. Carter hielt eine Kerze daran und schaute hindurch. Die anderen hielten den Atem an. Warum sagte Carter denn nichts? Schließlich fragte einer: »Können Sie etwas sehen?« Langsam drehte Howard Carter sich um und sagte wie verzaubert: »Ja, wunderbare Dinge!«

Vor 100 Jahren entdeckt Howard Carter im Tal der Könige das Grab des Tutanchamun. Hier werden gerade Schätze aus der Vorkammer nach draußen gebracht.

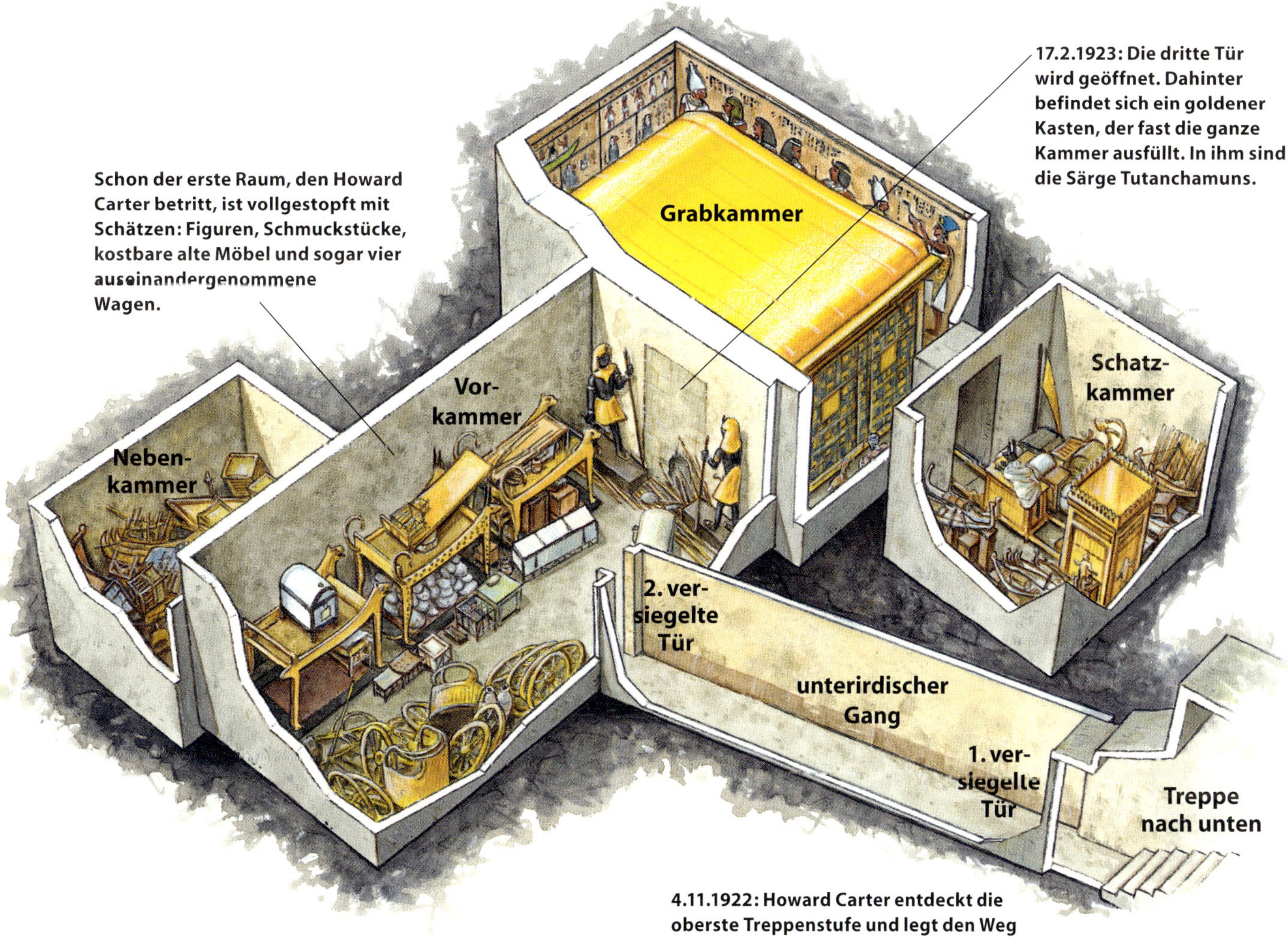

17.2.1923: Die dritte Tür wird geöffnet. Dahinter befindet sich ein goldener Kasten, der fast die ganze Kammer ausfüllt. In ihm sind die Särge Tutanchamuns.

Schon der erste Raum, den Howard Carter betritt, ist vollgestopft mit Schätzen: Figuren, Schmuckstücke, kostbare alte Möbel und sogar vier auseinandergenommene Wagen.

- Grabkammer
- Vorkammer
- Nebenkammer
- Schatzkammer
- 2. versiegelte Tür
- unterirdischer Gang
- 1. versiegelte Tür
- Treppe nach unten

4.11.1922: Howard Carter entdeckt die oberste Treppenstufe und legt den Weg bis zur ersten versiegelten Tür frei.

Warum wussten die Menschen im alten Ägypten schon so viel?

Zu einer Zeit, als die Menschen bei uns als Bauern in einfachen Hütten lebten, gab es in Ägypten bereits Städte und große Gebäude aus Stein. Ägypten war ein Staat mit einem König an der Spitze, der nicht nur über Bauern herrschte, sondern auch über Beamte und Handwerker. Es gab einen genauen Kalender und verschiedene Schriften.

Um besser zu verstehen, warum sich Ägypten schon so früh so gut entwickelt hat, schauen wir uns das Land ein bisschen genauer an. Ägypten liegt in Afrika. Dort ist es sehr heiß. Regen fällt kaum. Auf der Karte ist Ägypten fast überall gelb – das bedeutet, fast überall ist Wüste, in der nichts wächst und gedeiht. Nur an den Ufern des Nils gibt es einen schmalen Streifen Grün. Dort haben die Ägypter Felder angelegt und Getreide angebaut.

Der Nil ist mit 6671 km der längste Fluss der Erde. Im alten Ägypten war fast nur der Uferstreifen zu beiden Seiten des Flusses besiedelt. Die Wüste war unbewohnt.

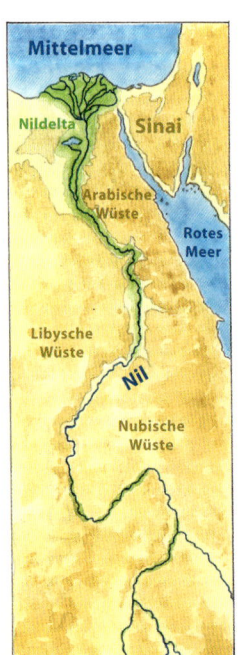

Nun müsst ihr euch aber keine sandigen Felder vorstellen, auf denen ein paar dürre Halme wachsen, die von den Bauern mit Wassereimern begossen werden. Nein, an den Ufern des Nils war der fruchtbarste Boden der damals bekannten Welt.

Der Grund dafür ist die Nilflut. Jedes Jahr im Juni begann der Wasserstand des breiten Flusses zu steigen. Im September war der gesamte Uferstreifen kilometerweit überflutet; die Dörfer ragten wie kleine Inseln aus den Fluten. Dann lief das Wasser allmählich wieder ab.

Die Ägypter beobachteten die Sterne und fanden heraus, dass die Nilflut immer dann einsetzt, wenn der Stern Sirius morgens zum ersten Mal aufgeht. Sie erfanden einen Kalender, um genau zu wissen, wann die Flut kommen würde und wie lange die Vorräte reichen mussten.

Aussaat

Die Ägypter erfanden ein Wasserschöpfgerät, das Schaduf.

Der fruchtbare Schlamm, der in dem Wasser war, hatte sich überall abgesetzt. Die Bauern mussten ihre Saatkörner oder Setzlinge nur noch hineindrücken.

Der Nil machte Ägypten reich. Das Getreide und Gemüse, das an seinen Ufern angebaut wurde, ernährte nicht nur die Bauern, sondern auch viele andere Menschen. Andere Berufe konnten entstehen: Handwerker, Künstler, Ärzte, Gelehrte. Vor ungefähr 5000 Jahren entstand das ägyptische Reich mit einem Pharao (König) an der Spitze und vielen Beamten, die alles verwalteten. Das ägyptische Reich sollte 3000 Jahre bestehen.

Wenn die Flut zurückging, wurde gepflügt und gesät. Um die Saat in den Boden einzueggen, jagten die Bauern einfach ihre Ziegen über das Feld. Bewässert wurde mit Nilwasser, das die Bauern während der Nilflut in großen Becken stauten.

Ernte

Der Nilschlamm war der reinste Dünger: Alles gedieh darin bestens und die Ägypter hatten fast jedes Jahr sehr gute Ernten.

Wie wurde man Pharao?

Normalerweise musste man dafür einen Vater haben, der Pharao war. Außerdem musste man ein Junge sein, und zwar der älteste Junge. Denn wenn ein Pharao starb, wurde der älteste Sohn sein Nachfolger. Aber das funktionierte nicht immer so. Bei Tutanchamun lief es sehr wahrscheinlich so ab:

Tutanchamuns Vater war der Pharao Echnaton. Als er starb, war sein Sohn ungefähr vier Jahre alt. Natürlich konnte er da noch nicht regieren, mit ausländischen Königen verhandeln oder gar Krieg führen.

Tutanchamun hatte sechs ältere Schwestern und eine Stiefmutter – seine eigene Mutter war schon gestorben, als er noch ein Baby war. Diese Stiefmutter wollte nun unbedingt selbst Pharao werden. Deswegen schrieb sie eine geheime Botschaft an den König der Hethiter: »Mein Gemahl Echnaton ist tot und ich habe keinen Sohn. Aber du sollst viele Söhne haben. Wenn du mir einen von ihnen schickst, könnte er mein Gemahl werden.«

Sie dachte sich, mit dem Königssohn eines mächtigen Nachbarvolkes an der Seite, würde ihr niemand den Thron streitig machen.

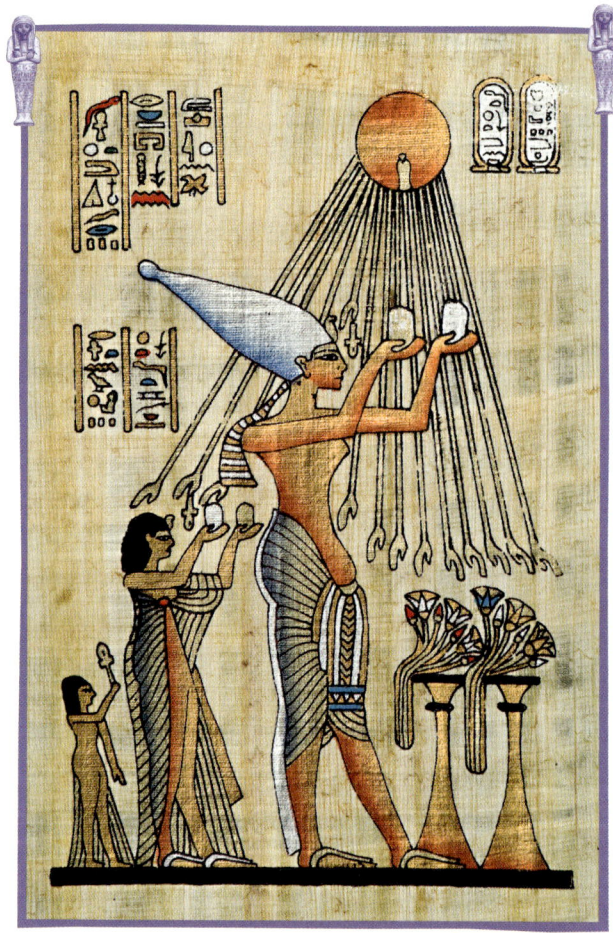

Pharao Echnaton, seine Frau Nofretete und eine Tochter bringen dem Sonnengott Blumen und andere Geschenke.

Doch auch die älteste Schwester Tutanchamuns, Meritaton, wollte Pharao werden. Sie ließ den Hethiterprinzen und ihre Stiefmutter töten und ergriff die Herrschaft. Meritaton war nur einige Jahre lang Pharao. Bald nachdem

Aus wie vielen Steinen besteht die Cheopspyramide?

Man sieht schon von außen, dass es viele Steine sein müssen, richtig viele. Wissenschaftler haben errechnet, dass bei der Cheopspyramide rund 2,5 Millionen Steinblöcke verbaut worden sind: 2 500 000! Wenn ihr das noch genauer wissen wollt, gibt es nur eine Möglichkeit: Ihr müsstet nach Ägypten reisen, die Pyramide Stein für Stein abbauen und genau zählen.

Aber das geht natürlich nicht, denn das würde viel zu lange dauern, und außerdem gäbe es die Pyramide dann nicht mehr.

Eine Pyramide besteht nicht nur aus den Steinen, die man von außen sieht und nachzählen kann. Sie ist ganz aus Stein – also so etwas wie ein gemauerter Berg. Die äußeren Steinblöcke sind sorgfältig behauen und geglättet und gleichmäßig groß.

Taltempel

Die Cheopspyramide wurde als Grab für Pharao Cheops gebaut. Sie ist 146 Meter hoch und war fast 4000 Jahre lang das höchste Bauwerk der Erde.

Der Bau der Pyramide:

1. Sowie Cheops Pharao wird, beginnt er, den Bau seines Grabes zu planen. Er sucht sich einen Bauplatz am Westufer des Nils aus.

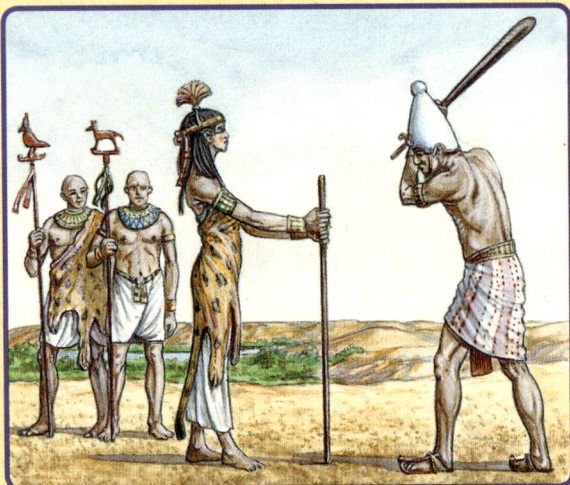

In einer feierlichen Zeremonie steckt der Pharao mit einer Priesterin den Bauplatz ab.

2. Sternforscher finden heraus, wo Norden liegt. Alle vier Himmelsrichtungen werden auf dem Bauplatz eingezeichnet. Der Eingang zur Pyramide soll genau nach Norden zeigen.

Priester bestimmen mit den Auf- und Untergangspunkten der Sterne die Himmelsrichtungen.

3. Der Bauplatz wird rund um einen breiten Fels herum geebnet. Der Fels bleibt einfach stehen und wird mit der Zeit in der Pyramide verschwinden.

4. Bauarbeiter hauen einen Gang in den Fels, der zu einer unterirdischen Kammer führen soll. Gleichzeitig wird das Fundament gebaut, eine dicke Steinschicht, auf der die Pyramide stehen wird. Nach jedem Stein wird mit der Setzwaage überprüft, ob er gerade liegt.

Die Steinblöcke werden direkt neben der Baustelle gebrochen und behauen.

Steinmetze begradigen sorgfältig die Kanten und glätten die Flächen.

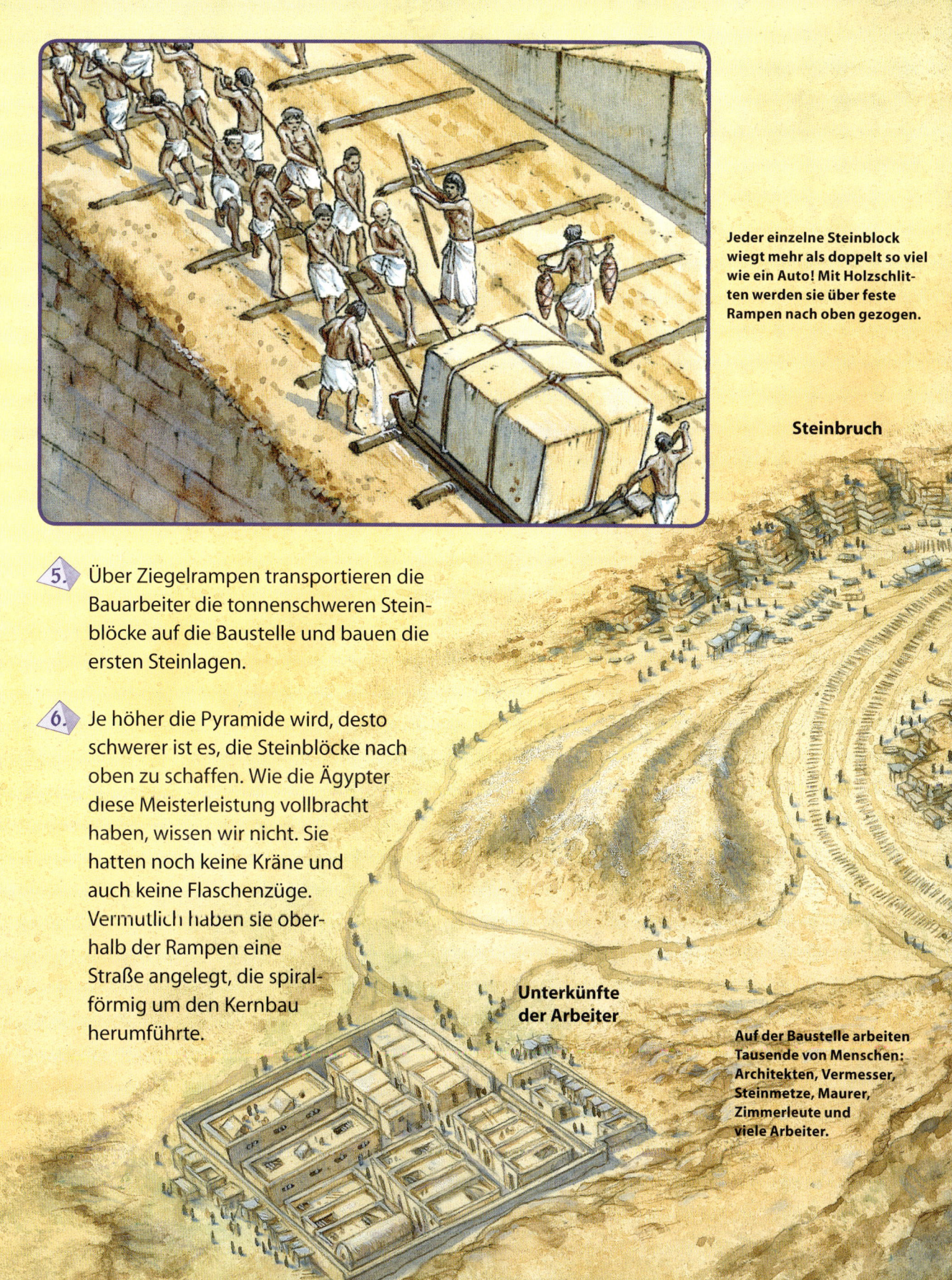

Jeder einzelne Steinblock wiegt mehr als doppelt so viel wie ein Auto! Mit Holzschlitten werden sie über feste Rampen nach oben gezogen.

Steinbruch

5. Über Ziegelrampen transportieren die Bauarbeiter die tonnenschweren Steinblöcke auf die Baustelle und bauen die ersten Steinlagen.

6. Je höher die Pyramide wird, desto schwerer ist es, die Steinblöcke nach oben zu schaffen. Wie die Ägypter diese Meisterleistung vollbracht haben, wissen wir nicht. Sie hatten noch keine Kräne und auch keine Flaschenzüge. Vermutlich haben sie oberhalb der Rampen eine Straße angelegt, die spiralförmig um den Kernbau herumführte.

Unterkünfte der Arbeiter

Auf der Baustelle arbeiten Tausende von Menschen: Architekten, Vermesser, Steinmetze, Maurer, Zimmerleute und viele Arbeiter.

sie gestorben war, wurde Tutanchamun zum Pharao gekrönt, obwohl er immer noch ein Kind war. Die Staatsgeschäfte führte ein älterer Verwandter zusammen mit dem Führer des Heeres.

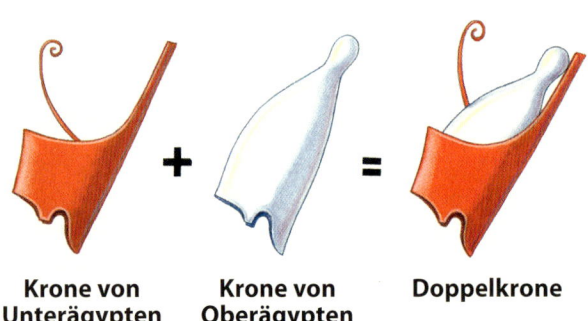

Krone von Unterägypten
(das ist der nördliche Teil des Landes, rund um das Nildelta)

Krone von Oberägypten
(der Süden des Landes)

Doppelkrone

Als Zeichen, dass der Pharao über ganz Ägypten herrschte, trug er die Doppelkrone »pschent«.

Es war also gar nicht immer leicht, Pharao zu werden. Pharao zu sein, schon gar nicht. Der Pharao war dafür verantwortlich, dass Gerechtigkeit herrschte und genug Getreide geerntet wurde. In Notzeiten überwachte er die Verteilung der Vorräte. Er musste die Grenzen sichern, Feinde abwehren und die vielen ägyptischen Götter zufriedenstellen. Ja, er galt selbst fast schon als ein Gott.

Der Pharao war der mächtigste Mensch in Ägypten. Und deswegen hatte er auch Feinde, im Ausland, im Inland und manchmal sogar in der eigenen Familie.

Doppelkrone

Geißel

Herrscherstab

Thron

Wenn der Pharao auf seinem Thron saß und regierte, trug er die Doppelkrone, einen falschen Kinnbart, den Herrscherstab und die Geißel (= Peitsche). Diese Geißel benutzte er aber nicht, um andere zu bestrafen. Sie war genauso wie Stab und Krone nur ein Zeichen seiner Macht.

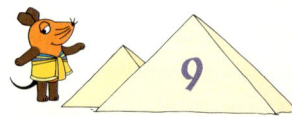

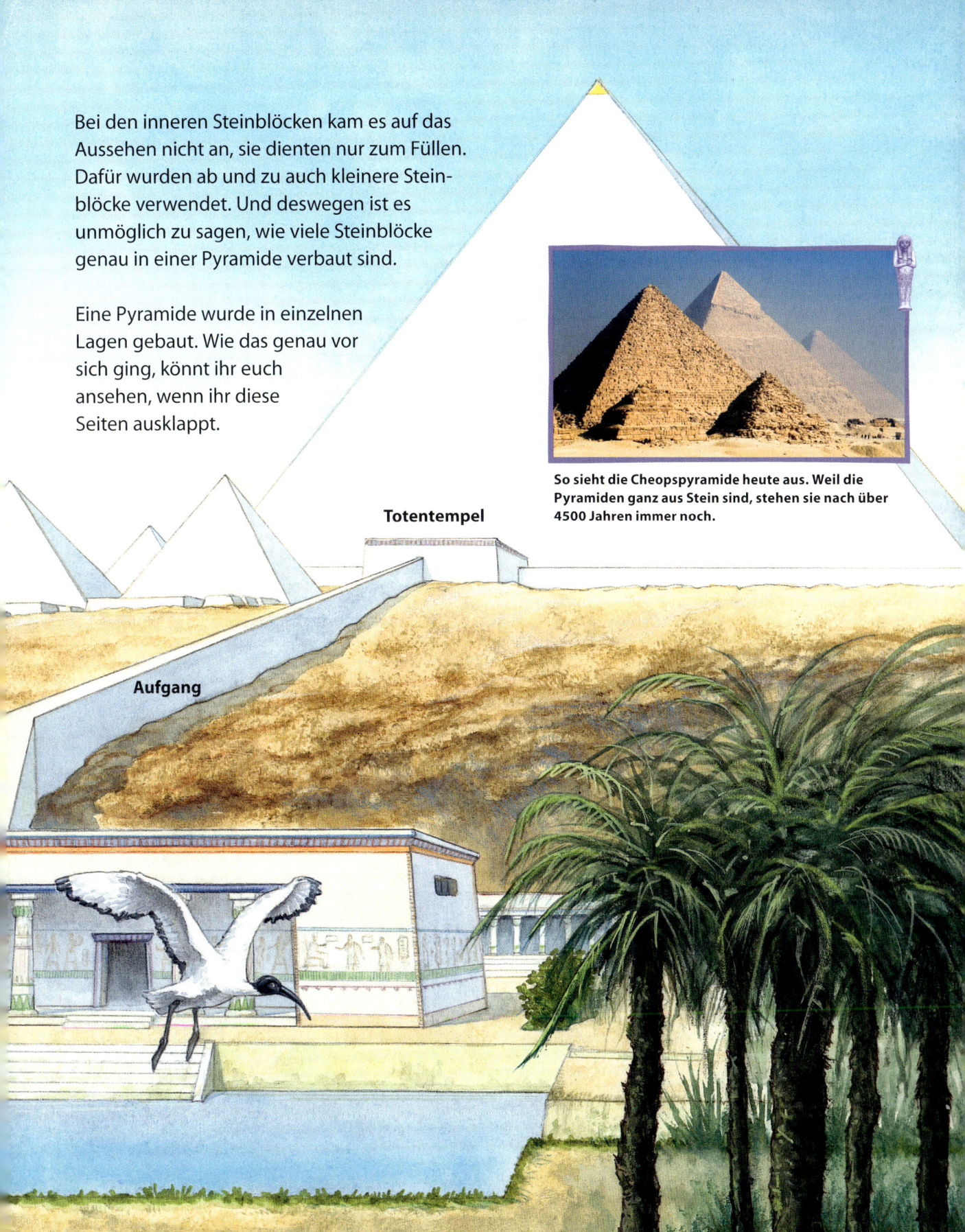

Bei den inneren Steinblöcken kam es auf das Aussehen nicht an, sie dienten nur zum Füllen. Dafür wurden ab und zu auch kleinere Steinblöcke verwendet. Und deswegen ist es unmöglich zu sagen, wie viele Steinblöcke genau in einer Pyramide verbaut sind.

Eine Pyramide wurde in einzelnen Lagen gebaut. Wie das genau vor sich ging, könnt ihr euch ansehen, wenn ihr diese Seiten ausklappt.

Totentempel

Aufgang

So sieht die Cheopspyramide heute aus. Weil die Pyramiden ganz aus Stein sind, stehen sie nach über 4500 Jahren immer noch.

7. Während die Pyramide wächst, werden auch die Gänge, Schächte und Kammern im Innern fertiggestellt. Die Hohlräume werden mit riesigen Steinplatten überdacht, die dem Gewicht der Steinmassen standhalten können.

8. Den fertigen Kernbau verkleiden die Arbeiter mit einer Zwischenschicht und schließlich mit den glatt behauenen, strahlend weißen äußeren Steinblöcken.

9. Die äußeren Steine werden an Ort und Stelle geschliffen. Der oberste Stein der Pyramide ist vergoldet. Er soll jeden Morgen beim ersten Sonnenstrahl erglänzen.

10. Zwanzig Jahre nach Baubeginn ist die Pyramide fertig. An den Gräbern für die Familienangehörigen wird noch gebaut.

Taltempel

Während der Nilflut helfen auch Bauern auf der Baustelle. Sie werden mit Nahrungsmitteln bezahlt. Obwohl die Arbeit schwer und gefährlich ist, machen sie willig mit. Der Bau ist so etwas wie ein Gottesdienst: Nicht nur der verstorbene Pharao kann durch die Pyramide zum Himmel aufsteigen, auch alle, die daran mitgearbeitet haben, erhalten zum Dank ewiges Leben nach dem Tod.

Heute fehlt die äußerste Schicht bei der Cheopspyramide. Lange nach der Pharaonenzeit wurden die schönen, glatten, hellen Steine abgetragen und in der Stadtmauer und den Moscheen der Stadt Kairo verbaut.

Kanal zum Nil

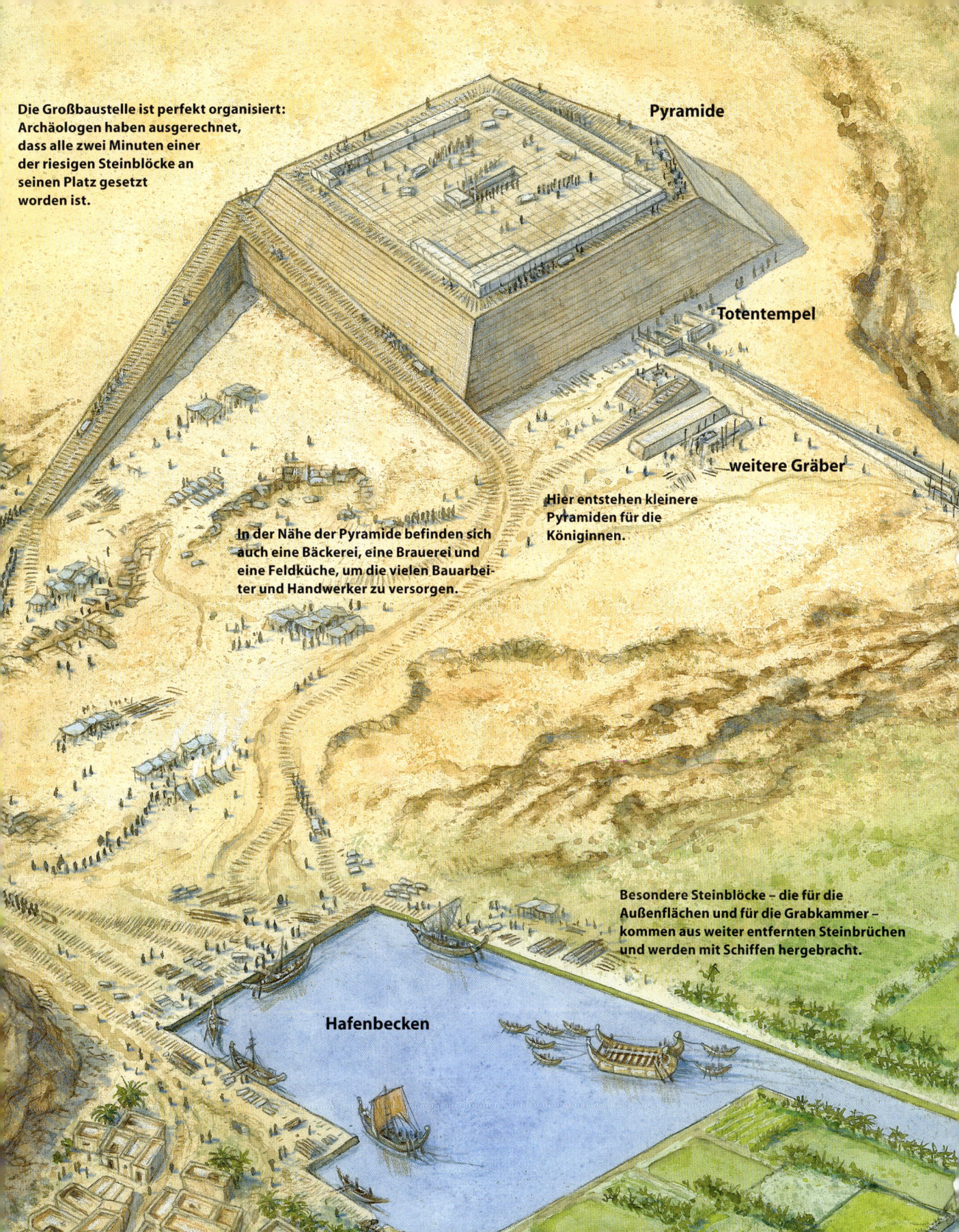

Wie wurde ein Pharao zur Mumie und wie lange dauerte das?

Als Pharao Cheops starb, war seine Pyramide fertig gebaut. Jahrelang hatte er mit seinen Priestern geplant, wie das Begräbnis ablaufen sollte. Alles war bereit. Doch bevor der Pharao in der Pyramide bestattet werden konnte, musste sein Körper erst zu einer Mumie werden.

Das war sehr wichtig und ein komplizierter Vorgang, der insgesamt 70 Tage dauerte. Alle Arbeiten lagen in den Händen der Priester.

1. Als Erstes legten sie den toten Pharao auf einen Tisch, zogen ihn nackt aus und wuschen ihn gründlich.

2. Sie machten einen kleinen Schnitt am Bauch und holten vorsichtig Leber, Lunge, Magen und Darm heraus. Jedes Organ wurde einzeln mit Baumharz bestrichen und kam in eine Kanope, ein verschließbares Steingefäß.

3. Nun legten sie den Körper für lange Zeit in Salz. Das Salz zog das Wasser aus dem Körper und machte ihn haltbar.

4. Anschließend pinselten sie auch den Körper mit verschiedenen Harzen und duftenden Ölen ein, stopften ihn aus und umwickelten ihn mit Verband. Zwischen die Verbände legten sie Schmuckstücke und Glücksbringer.

Der Mistkäfer – Skarabäus genannt – galt bei den Ägyptern als heiliges Tier. Deswegen machten sie auch Schmuckstücke in Mistkäfer-Form.

Aus dem toten Körper war eine Mumie geworden, die nicht verwesen würde. Das war dem Pharao sehr wichtig, und auch allen anderen Ägyptern. Sie glaubten nämlich, dass es nach dem Tod noch ein zweites Leben gibt.

Dieses zweite Leben war dem ersten sehr ähnlich und man brauchte dafür auch einen Körper. Also logisch, dass sie versuchten, den Körper nach dem Tod so gut wie nur möglich zu erhalten!

»Mumie« kommt aus dem Arabischen und bedeutet Bitumen oder Erdpech, das ist ein klebriges schwarzes Material, mit dem man heute Straßen asphaltiert. Da die Mumien, die die Araber sahen, schwarz verklebt waren, dachten sie, das käme vom Bitumen. Doch die Ägypter verwendeten beim Einbalsamieren selten Bitumen. Meist nahmen sie nur Harze und Öle. Und die waren über die Jahrtausende schwarz geworden.

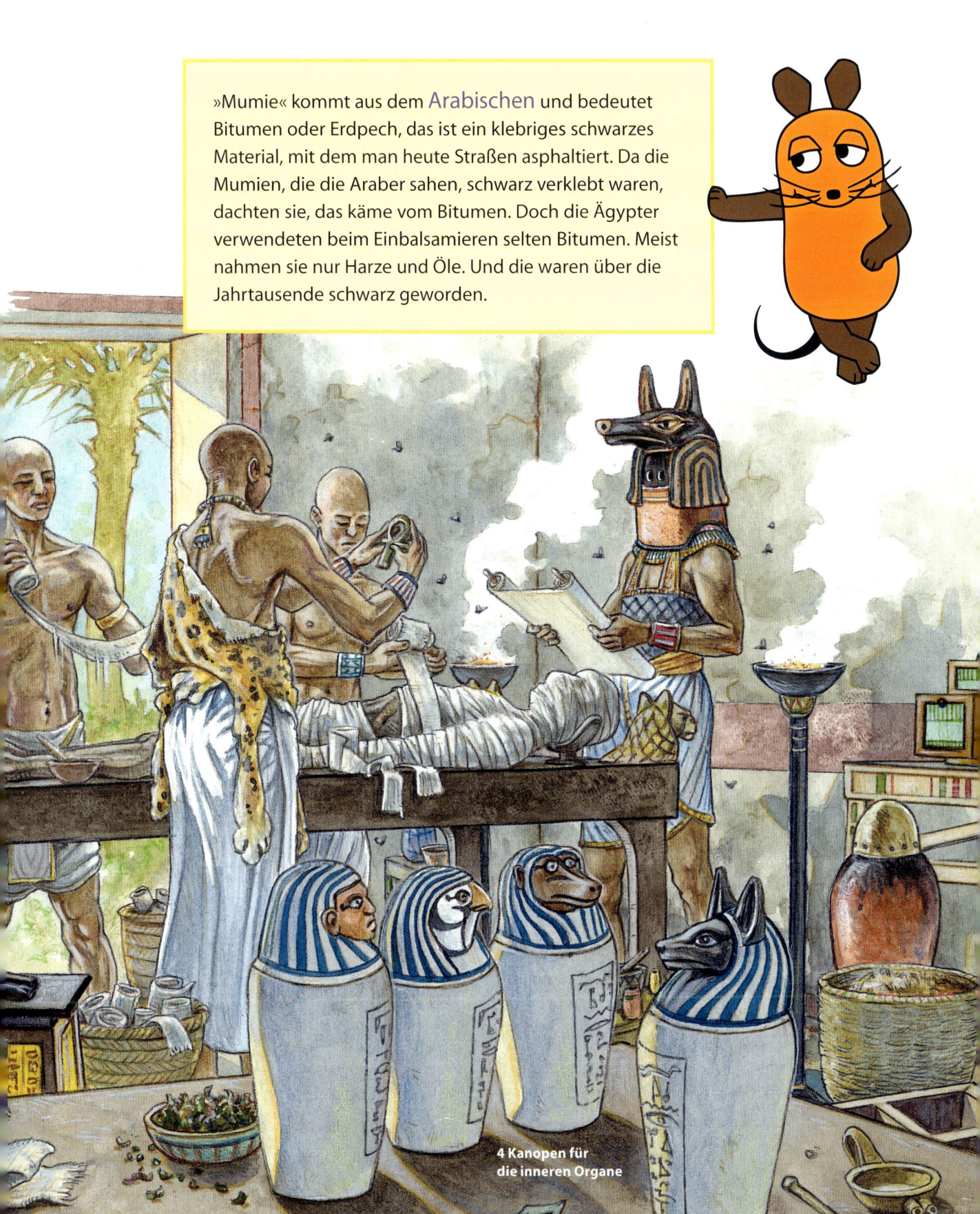

4 Kanopen für die inneren Organe

Warum gibt es in Pyramiden Irrgänge?

Um diese Frage zu beantworten, schauen wir uns am besten an, wie es mit der Mumie von Pharao Cheops weiterging, und begleiten sie in das Innere der Pyramide.

Die Mumie wurde mit einem Schiff feierlich zur Pyramide gebracht. Priester trugen sie singend und Weihrauchgefäße schwenkend zum Totentempel, wo die Begräbnisfeier stattfand. Danach brachten sie die Mumie, die inzwischen in einem bemalten Holzsarg lag, zum Eingang der Pyramide.

Nun wurde es eng: Der Gang in das Innere war nur ein wenig höher als ein Meter. Gebückt schleppten die Priester den toten Pharao und seine Grabbeigaben abwärts. Nach 20 Metern gabelte sich der Weg. Der erste Irrgang führt noch 80 Meter weiter in die Tiefe und endet in einer nicht fertig ausgemeißelten Kammer. Vielleicht hatte der Pharao ursprünglich vorgehabt, ganz in der Tiefe zu liegen, und später seine Meinung geändert?

Königinnen-Pyramiden
Cheopspyramide
Totentempel
Eingang
Umfassungsmauer
Mastaba-Gräber
überdachter Aufgang
Taltempel
Kanal zum Nil

Die Mumie wurde per Schiff zum Begräbnisplatz gebracht. Priester trugen sie vom Taltempel bis zum Totentempel und dann in die Grabkammer im Innern der Pyramide.

Die Priester nahmen jedenfalls den anderen Gang, der aufwärts führte, kamen an zwei weiteren Abzweigungen vorbei und gelangten durch einen hohen langen Raum zur

Grabkammer. Hier stand schon seit Jahren der große Steinsarg, der Sarkophag, bereit. Unter Gebeten legten die Priester den Holzsarg hinein und schoben den schweren Deckel darüber. Auf dem Rückweg durch die Pyramide lösten sie mehrere Mechanismen aus, mit denen der Zugang zum Grab durch tonnenschwere Steinblöcke versperrt wurde. Der Eingang wurde zugemauert, sodass man ihn von außen nicht mehr erkennen konnte.

In der Cheopspyramide gibt es keine Inschriften. Deswegen wissen wir nicht genau, wozu jeder Gang und jede Kammer gedient haben. Vielleicht haben es die Räuber, die später das Grab plünderten, noch gewusst: Sie meißelten einen eigenen Gang in die Pyramide und umgingen dadurch mehrere Blockiersteine. Sie stahlen die Mumie und alle Schätze. Nur den Sarkophag konnten sie nicht mitnehmen: Er passte nicht durch die Gänge und steht noch heute in der Cheopspyramide.

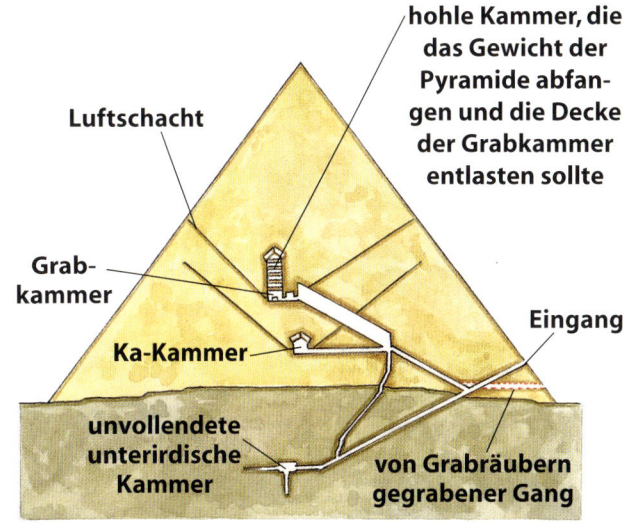

Über die Gänge und Kammern der Cheopspyramide wurde viel gerätselt. Die mittlere Kammer hieß früher Königinnen-Kammer. Dann wurde klar, dass hier niemals eine Königin bestattet worden war. Heute heißt sie Ka-Kammer. Sie wurde vermutlich für den Ka des Pharao angelegt, für seine Seele, die nach dem Tod wieder mit dem Körper zusammenfinden musste.

Vor einigen Jahren untersuchten Münchner Archäologen die beiden Luftschächte, die von der Ka-Kammer ausgehen. Weil die Schächte sehr eng sind, benutzten sie dafür einen Miniroboter und entdeckten einen Blockierstein und eine weitere hohle Kammer.

Priester zogen den Sarg des Pharao durch enge Gänge bis in die Grabkammer.

Wie wurden die Toten bestattet, die keine Pyramide bekamen?

Ein Ägypter wird in der Wüste bestattet. Seine Familie legt ihm Nahrungsmittel mit ins Grab, für das Leben nach dem Tod.

Wenn ein Bauer zu seinen Nachbarn gesagt hätte: »Wisst ihr was, Leute, ich möchte es gerne richtig gut haben nach dem Tod. Los, baut mir eine Pyramide!«, dann hätten bestimmt alle schallend gelacht. Guter Witz. Eine Pyramide war ein Königsgrab. Sie zu bauen, war furchtbar teuer. Trotzdem glaubten alle Ägypter an das Leben nach dem Tod und bereiteten sich gut darauf vor.

Die Menschen waren davon überzeugt, dass sie nach dem Tod vor ein Gericht gestellt würden. Richter war der Totengott Anubis. Gemeinsam mit dem Gott Thot wog er das Herz des Verstorbenen auf einer Waage. War das Herz schwerer als eine Feder, dann hatte der Mensch ein übles Leben geführt und wurde von einem Ungeheuer gefressen. Blieb die Waage aber im Gleichgewicht, so durfte der Mensch in den Himmel aufsteigen und sein jenseitiges Leben beginnen.

Der Sonnengott Re (ganz links) überwacht das Totengericht. Anubis (erkennbar an dem Schakalskopf) und Thot (mit dem Kopf eines Ibisses) wiegen gerade das Herz des Verstorbenen (ganz rechts im Bild).

Auch die Könige wurden nicht immer in Pyramiden bestattet, so wie Cheops. Pharao Tutanchamun wurde in einem Felsengrab beigesetzt. Hier seht ihr noch eine weitere Art von Grab:

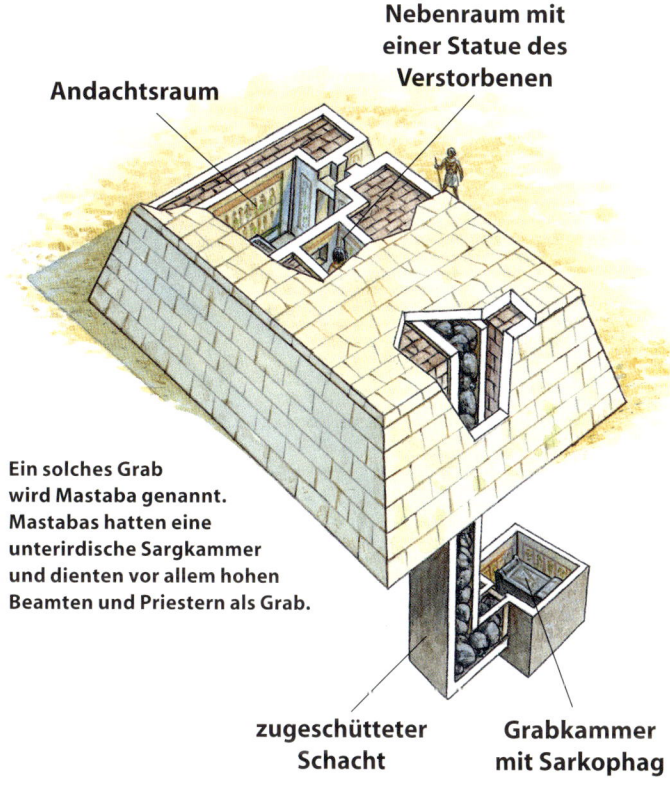

Andachtsraum

Nebenraum mit einer Statue des Verstorbenen

Ein solches Grab wird Mastaba genannt. Mastabas hatten eine unterirdische Sargkammer und dienten vor allem hohen Beamten und Priestern als Grab.

zugeschütteter Schacht

Grabkammer mit Sarkophag

Das Leben im Jenseits war sehr wichtig. Schließlich würde es ewig dauern. Da lohnte es sich schon, sich im Hier und Jetzt ein bisschen Mühe zu geben. Also: nicht zu stehlen, niemanden zu betrügen, niemanden zu töten. Das war die eine Voraussetzung für ein Leben nach dem Tod. Die andere kennt ihr schon: Der Körper des Toten musste erhalten bleiben.

Alle Ägypter wünschten sich, dass ihr Körper nach dem Tod von einem ordentlichen Einbalsamierer behandelt wurde. Wer sich kein Mumienbegräbnis leisten konnte, ließ sich einfach in der Wüste begraben.

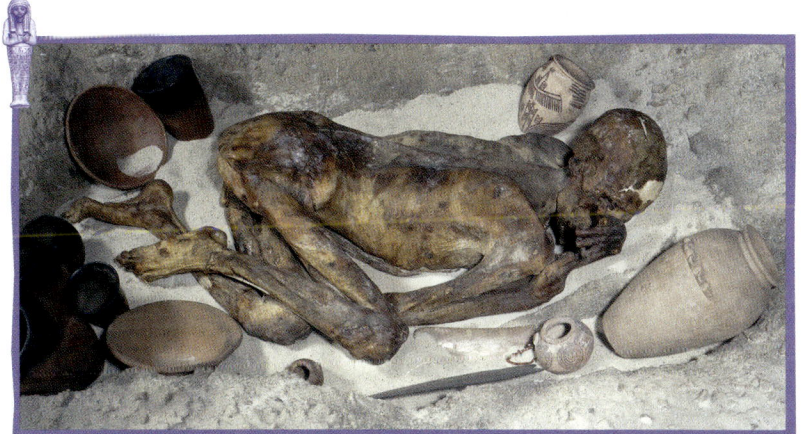

Die heiße Wüstenluft trocknete die Toten aus und ließ sie ebenfalls zu Mumien werden. Meistens haben sich diese Mumien sogar besser erhalten als diejenigen, die kunstvoll gesalbt und umwickelt wurden.

Woher weiß man, was die Hieroglyphen bedeuten?

Hieroglyphen, das sind diese alten ägyptischen Schriftzeichen, die wie lauter kleine Bilder von Tieren, Pflanzen, Menschen und Gegenständen aussehen. Mehrere tausend Jahre lang haben die Ägypter mit ihnen geschrieben. Doch dann wurde eine andere Schrift eingeführt, und schon bald wusste niemand mehr, wie man Hieroglyphen liest. Sie galten als rätselhafte Geheimzeichen. Manche meinten sogar, sie seien gar keine Schrift, sondern einfach hübsche Bilder.

Das änderte sich schlagartig im Jahr 1799. Damals wurde in einem kleinen ägyptischen Dorf eine Steinplatte gefunden, die mit drei Inschriften beschrieben war, eine in der Hieroglyphenschrift, eine auf Demotisch – ebenfalls eine vergessene Schrift – und eine auf Altgriechisch. Altgriechisch war kein Problem, das konnten die Wissenschaftler lesen: Mit der Inschrift lobten die Priester von Memphis den Pharao Ptolemäus V. und dankten ihm für seine Wohltaten. Die Überraschung kam ganz am Ende des griechischen Textes. Dort stand nämlich, dass der Stein dreimal mit demselben Text beschrieben sei!

Warum heißen die Hieroglyphen Hieroglyphen? Dieses Wort ist nicht ägyptisch, sondern griechisch und bedeutet »heilige Schriftzeichen« (»hierós« = heilig, »glyphein« = ritzen, meißeln).

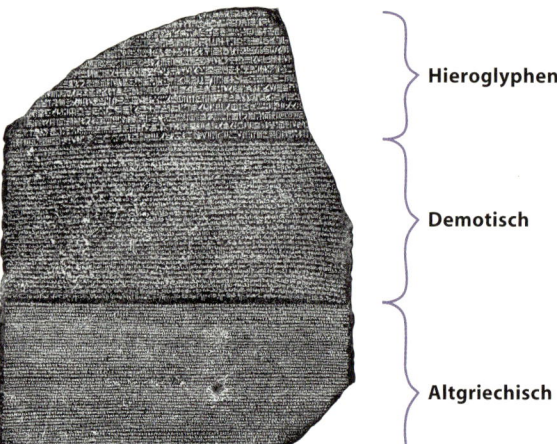

Der Inschriftenstein wird »Stein von Rosette« genannt. Als man ihn fand, war er an allen Seiten beschädigt, was die Entzifferung der Hieroglyphen noch schwieriger machte.

Nun verglichen Wissenschaftler die Hieroglyphen genau mit dem altgriechischen Text. Fieberhaft versuchten Leute in ganz Europa, die Hieroglyphen zu entziffern – vergeblich.

Erst im Jahr 1822 legte der Franzose Jean-François Champollion seine geniale Entschlüsselung vor – und versetzte alle in Erstaunen.

Der Eingang des Hathor-Tempels in Abu Simbel ist von Hieroglyphen übersät.

Warum es so schwer war, herauszufinden, wie die Hieroglyphenschrift funktioniert, versteht ihr besser, wenn ihr ein paar Eigenarten dieser Schrift kennt:

 Es gibt über 5000 verschiedene Hieroglyphen.

 Dasselbe Zeichen kann verschiedene Bedeutungen haben. Das hängt auch davon ab, welches andere Zeichen danebensteht.

 Selbstlaute werden nicht geschrieben, es gibt also kein a, e, i, o, u.

 Es gibt keine Lücken zwischen den Wörtern, keine Groß- und Kleinbuchstaben und keinen Punkt am Ende des Satzes.

 Man kann von links nach rechts oder von rechts nach links schreiben. Oder von oben nach unten oder von unten nach oben.

Stellt euch das mal in einem deutschen Text vor:
DSMCHTDSLSNSHRSCHWR
oder sogar:
ЯWHƆSЯHSNSLSDTHƆMSD

Übersetzung:
DAS MACHT DAS LESEN SEHR SCHWER!

Dieses Zeichen kann ein Bildzeichen sein, dann bedeutet es »Auge«.

Es kann auch als Lautzeichen gelesen werden: »Jrj.« Das bedeutet »machen«.

In Verbindung mit anderen Hieroglyphen kann das Zeichen »schauen« bedeuten.

Wer arbeitet auf einer Grabung?

Dass ein paar Archäologen am Nilufer sitzen und mit Schäufelchen und Besen ganz allein einen Tempel freilegen, das gibt es nirgends. Selbst bei der kleinsten Minigrabung arbeiten Archäologen immer im Team. Wer alles zu dem Team gehört, hängt davon ab, was ausgegraben wird und wie groß die Grabung ist.

Schauen wir uns mal die Grabung in Abydos an. Hier wird ein alter Königsfriedhof ausgegraben. Die Grabung erinnert an eine große Baustelle und so ähnlich wie auf einer Baustelle geht es hier auch zu.

Da Abydos eine deutsche Grabung ist, sind die meisten Archäologen und anderen Spezialisten Deutsche. Am wichtigsten im Team sind jedoch die ägyptischen Facharbeiter, Quftis genannt (das spricht sich so aus: Kuftis). Quftis arbeiten meist jahrelang auf einer Grabung und sind sehr erfahren. Mit kleinen Hacken, Besen und Bürsten legen sie vorsichtig Schicht für Schicht die Bauten frei.

Jeder Qufti hat ein paar Helfer, die auf der Grabung »Jungs« genannt werden. Eigentlich sind es junge Männer. Wenn man alle zusammennimmt, gibt es in Abydos rund 100 ägyptische Arbeiter.

Das Gelände der deutschen Grabung in Abydos ist so groß wie 15 Fußballfelder. Hier arbeiten rund 120 Leute.

Bei so vielen Leuten braucht man natürlich auch einen Vorarbeiter. Auf Arabisch heißt er »Rais«. Und noch einen Ägypter gibt es auf der Grabung, den Inspektor. Er ist Archäologe und unterstützt die Ausländer bei ihrer Arbeit.

1. Geleitet wird die Grabung von den Archäologen. Ihre Aufgabe ist es, alles, was entdeckt wird, zu vermessen, zu zeichnen, zu beschreiben und zu fotografieren.

2. Studenten helfen ihnen bei der Arbeit.

3. Ein Vermesser und ein Archäologe stecken einen neuen Abschnitt ab, in dem bald gegraben werden soll.

4. Ein Qufti ist auf eine Nilschlammziegelmauer gestoßen und legt behutsam die Ziegel frei.

5. Die »Jungs« fahren die abgeräumte Erde mit der Schubkarre weg.

6. Eine Restauratorin säubert ein Holzkästchen.

7. Ein Tierknochenspezialist untersucht Knochenreste.

8. Der Inspektor lässt sich die neu entdeckte Mauer zeigen.

9. Der Rais ist ständig auf dem Grabungsgelände unterwegs und überwacht die Arbeit. Wenn irgendwo Verstärkung oder anderes Werkzeug gebraucht wird, kümmert er sich darum. Damit jeder gleich erkennt, dass er der Rais ist, trägt er einen Stock.

10. Ein Qufti birgt ein menschliches Skelett.

11. Einer der »Jungs« siebt die abgeräumte Erde noch einmal durch, damit auch ganz sicher nichts übersehen worden ist.

12. Eine Archäologin versucht, die unzähligen Scherben wieder zu einem Gefäß zusammenzusetzen.

Was machen Ägyptologen?

Ägyptologen sind eine besondere Art Archäologen, und deswegen klären wir noch einmal kurz, was Archäologen machen: Sie untersuchen Bauwerke, Ruinen, Gräber, Scherben, kurz, alle Überreste vergangener Zeiten, und ziehen aus ihnen Rückschlüsse, was früher passiert ist und wie die Menschen gelebt haben. Ägyptologen erforschen nur Ägypten. Alle Archäologen haben ein Spezialgebiet. Das liegt vor allem daran, dass sie die alten Sprachen ihres Gebiets sehr gut beherrschen müssen.

Ägyptologen lernen die Hieroglyphenschrift, außerdem Hieratisch, Demotisch und Koptisch, und dann noch Latein und Griechisch. Diese Sprachen brauchen sie für ihre Arbeit. Um etwas genauer herauszufinden, was Ägyptologen machen, fahren wir nach Berlin und besuchen die Ägyptologin Julia Budka.

Sie arbeitet in einem Büro im 5. Stock, das zur Humboldt-Universität gehört. Hier geht sie gerade durch, was sie noch alles für ihre nächste Ägyptenreise besorgen muss:
- flüssigen Klebstoff
- Krepp-Klebeband
- Kamera, Akkus und Speicherkarten

Auf dem Schreibtisch von Julia Budka stapeln sich Bücher und Zeitschriftenartikel.

- Scanner
- Laptop und Drucker
- Lupe
- eng anliegende Stoffhandschuhe

Schreib- und Zeichenpapier, Stifte, Plastiktüten und Werkzeug kauft sie dann in Ägypten.

Wenn ein Fundstück fotografiert oder gezeichnet wird, dann immer mit einem Maßstab. Das schwarz-weiße Maßband ist genau 5 cm lang. Mit seiner Hilfe kann man auf einen Blick sehen, dass hier sehr kleine Figuren fotografiert worden sind.

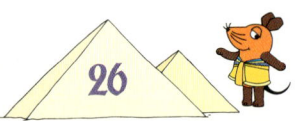

Die meisten Funde in Asasif stammen aus dem Grab des Anch-Hor, der vor rund 2600 Jahren ein hoher Beamter der Stadt Theben war und sich eine riesige Grabanlage leisten konnte.

Julia Budka forscht in Asasif, einem kleinen Ort in der Nähe der Stadt Theben (heute: Luxor), die lange Zeit Hauptstadt des ägyptischen Reichs war.

In Asasif befindet sich ein riesiges Gräberfeld, das vor 40 Jahren von österreichischen Ägyptologen ausgegraben wurde. Dabei machten sie unzählige Funde: Särge, Mumienbinden, verschiedene Gegenstände aus Holz, Tongefäße und Scherben, Figürchen, Schmuckstücke. Niemand hatte damals Zeit, die Funde genau zu untersuchen. Das machen heute Julia Budka und andere Archäologen. Sie fotografieren die Fundstücke und versuchen herauszufinden, wie sie beim Begräbnis eingesetzt wurden. Julia Budka verrät uns eine Faustregel: Für einen Monat Feldarbeit in Ägypten braucht sie danach drei Monate am Schreibtisch, um herauszufinden, was die Funde bedeuten.

Normalerweise fährt sie immer gleich für zwei Monate nach Ägypten und arbeitet danach sechs Monate lang alles auf. Ägyptologen arbeiten also nicht nur auf den Ausgrabungen in Ägypten, sondern auch sehr viel am Schreibtisch. Und der kann ganz woanders stehen.

Archäologen und Studenten untersuchen die Fundstücke aus dem Grab des Anch-Hor.

Gibt es heute noch Grabräuber?

Die Antwort lautet: leider ja! Nirgendwo auf der Welt wurden die Toten mit so viel Gold und Pracht bestattet wie in Ägypten. Deswegen gab es dort zu allen Zeiten Grabräuber und es gibt sie auch heute noch.

Ein besonders erfolgreicher Grabräuber neuerer Zeit wurde im Jahr 1881 gefasst. Achmed Abd-el-Rassul lebte in einem kleinen Dorf ganz in der Nähe vom Tal der Könige. Eines Tages, als er mit seinen Ziegen in den Bergen unterwegs war, entdeckte er zufällig eine Öffnung im Boden. Er holte ein Seil, ließ sich in einen tiefen Schacht hinab und entdeckte eine Schatzhöhle mit über 50 Mumien. Die Höhle war ein geheimes Sammelgrab. Priester hatten die Mumien 3000 Jahre zuvor aus dem Tal der Könige hierhergebracht, um sie vor den immer dreisteren Grabräubern in Sicherheit zu bringen.

Statt die Antikenbehörde zu benachrichtigen, machte Abd-el-Rassul die Höhle zu seiner privaten Schatzkammer. Immer wieder stieg er heimlich hinab, holte ein paar Kostbarkeiten herauf und verkaufte sie. Nach ein paar Jahren fiel das auf – und schließlich kamen die Archäologen Abd-el-Rassuls Geheimnis auf die Spur. Um zu verhindern, dass noch mehr gestohlen wurde, leerten sie die Höhle innerhalb von zwei Tagen und schafften alle Schätze ins Museum nach Kairo.

Auch die heutigen Grabräuber kommen oft aus der Gegend. Sie haben gehört, dass da irgendetwas ausgegraben wird, und denken

Das Grab des Tutanchamun wurde als einziges Königsgrab nicht von Räubern geplündert. Neben anderen Kostbarkeiten wurden hier auch vergoldete Betten mit geschnitzten Tierköpfen gefunden.

sofort, es geht um Gold! Doch anstelle von Gold holen die Archäologen meist nur tonnenweise Knochen und Scherben aus der Erde. Für Räuber sind solche Funde furchtbar enttäuschend! Sie brechen in das Magazin der Grabung ein – den Raum, in dem alle Funde aufbewahrt werden – und finden nicht das kleinste bisschen Gold. Es ist leider schon vorgekommen, dass Räuber aus Enttäuschung alles verwüstet haben.

Natürlich schützen Archäologen ihre Funde vor Grabräubern. Sie laden die Bevölkerung ein, die Grabung zu besuchen, und klären darüber auf, was sie genau machen. Sie schließen das Magazin ab. Und im Winter und im Sommer, wenn nicht gegraben wird, passt ein Wächter auf die Funde auf.

Ein Junge (im blauen Overall), drei Quftis und drei Studenten bei einer Grabung auf der Nilinsel Elephantine. Wenn hier nicht gegraben wird, bewacht der Qufti mit dem blauen Tuch, der ganz vorne steht, zusammen mit anderen das Gelände.

Was für Wohnungen hatten die alten Ägypter?

Lehmziegel waren ein billiger Baustoff, denn Lehm gab es fast überall. Er wurde mit Stroh vermischt, zu Ziegeln geformt und einfach in der Sonne getrocknet.

Die Ägyptologen haben sehr viel über die Grabbauten der Ägypter herausgefunden. Pyramiden und andere Gräber sind aus Stein und haben sich oft gut erhalten. Aber darüber, wie normale Wohnhäuser aussahen, wissen wir weniger gut Bescheid. Sie waren nämlich meist aus ungebrannten Lehmziegeln und die halten nicht lange.

Einige wenige Siedlungen haben sich aber doch erhalten, zumindest die Grundmauern. Ganz in der Nähe vom Tal der Könige liegt die Siedlung Deir al-Medina. Hier lebten vor 3500 Jahren die Familien der Handwerker, die an den Königsgräbern arbeiteten.

Mit Lehmziegeln wird auch heute noch gebaut. Ein Nachteil dieser Bauweise ist, dass die Ziegel leicht zerbröckeln und aufweichen. Das ist für die Hausbewohner nicht so schlimm: Ein paar neue Lehmziegel sind schnell gemacht und kleinere Schäden kann man einfach mit Lehm verschmieren.

Schauen wir uns mal eines dieser Häuser genauer an: Von der Straße 1 aus kommen wir zuerst in die Diele 2, wo sich unsere Augen an das dämmrige Licht gewöhnen. Dann gehen wir weiter ins Wohnzimmer 3, den größten und schönsten Raum. Das Lehmziegelpodest mit den Kissen darauf ist das Sofa. Die verzierten Nischen in der Wand sind Götterschreine. Hier bringen die Familienmitglieder ihren Lieblingsgöttern Opfer dar.

Hinter dem Wohnzimmer liegt das Schlafzimmer 4. In dem riesigen Bett schläft die ganze Familie – Mutter, Vater und alle Kinder. Manchmal ist das vielleicht ein bisschen unruhig, zum Beispiel wenn der Vater laut schnarcht. Aber meistens ist es sehr gemütlich.

Ein schmaler Flur führt in die Küche 5, in der gekocht und Brot gebacken wird. Wir schnappen uns Brot und Käse und gehen damit aufs Dach 6. Abends ist es dort nicht mehr heiß, sondern schön luftig und heller als im Hausinnern.

Vielleicht ist euch aufgefallen, dass ein Zimmer im Haus fehlt, das für uns eine Selbstverständlichkeit ist: das Bad. Bäder gibt es nur im Königspalast und in den Häusern der Reichen.

Normale Familien haben dafür keinen extra Raum. Zum Waschen gehen sie in den Nil. Und wer aufs Klo muss, macht in einen Sandeimer oder erledigt sein Geschäft außerhalb der Siedlung.

Wie haben sich die Ägypter die Zähne geputzt?

Ganz ähnlich wie ihr: mit einer Zahnbürste. Ein bisschen anders als eure sah eine ägyptische Zahnbürste aber schon aus, eher wie ein kurzer Pinsel. Um sie herzustellen, nahm man ein kleines Aststück und drückte die Fasern an einem Ende auseinander, bis sie einen Bürstenkopf bildeten. So eine Zahnbürste funktionierte sehr gut.

Die Ägypter benutzten nicht nur Zahnbürsten, sondern auch Zahnpasta und Mundwasser gegen schlechten Atem. Überhaupt nahmen sie es mit der Sauberkeit sehr genau.

Jeden Morgen wuschen sie sich am ganzen Körper, putzten die Zähne, machten ihre Nägel sauber, cremten sich ein und frisierten sich ausgiebig. Frauen und Männer schminkten sich die Augen mit Kajal, nicht nur weil sie es hübsch fanden, sondern auch, um damit Augenkrankheiten vorzubeugen.

Auch die ganze Wascherei hatte einen Sinn. Sie sollte die Leute davor bewahren, dass sie sich mit Krankheiten ansteckten. Aber natürlich wurden die Menschen trotzdem ab und zu krank. Dann gingen sie zum Tempel, bei dem sich das Lebenshaus befand.

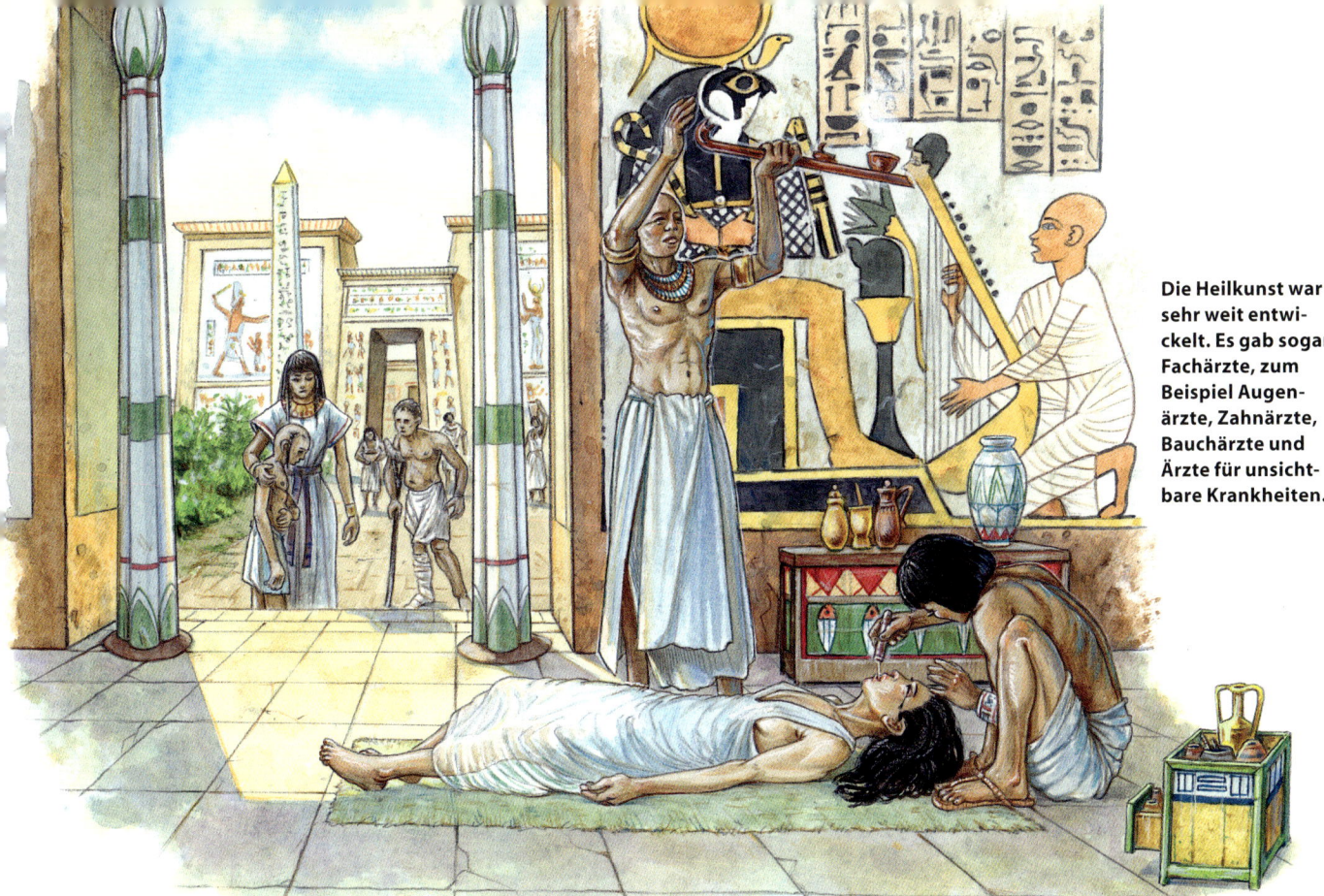

Die Heilkunst war sehr weit entwickelt. Es gab sogar Fachärzte, zum Beispiel Augenärzte, Zahnärzte, Bauchärzte und Ärzte für unsichtbare Krankheiten.

Hier behandelten Ärzte alle möglichen Krankheiten und Verletzungen – von Bauchweh bis zu Knochenbrüchen.

Dass das Lebenshaus zum Tempel gehörte, war kein Zufall. Die Ärzte benutzten nicht nur Salben und Medikamente, um Kranke zu heilen, sondern setzten auch Beschwörungen ein. Dabei flehten sie zunächst einen Gott um Hilfe an. Danach ging es zum Beispiel so weiter: »Fließe du aus, du böser Dämon, der das Herz herauszieht aus dem Körper, der die beiden Knie weich macht dessen, in dem er sich festgesetzt hat.«

Diese Beschwörung sollte kranke Babys wieder gesund machen. Sie steht in einem Buch mit Zaubersprüchen für kranke Kinder, zusammen mit folgender Angabe: »Der Spruch muss über sieben Fäden aus Flachs gesprochen werden, gesponnen von einer Frau, die soeben eine Geburt hinter sich gebracht hat. Aus den Fäden werden sieben Knoten gemacht und dem Kind an den Hals gegeben ...«

So geheimnisvoll und kompliziert geht es noch lange weiter, bis am Ende eine Schwalbe die Krankheit haben soll und das Kind geheilt ist.

Sind die ägyptischen Kinder zur Schule gegangen?

Bei uns ist klar: Alle Kinder gehen in die Schule. Stellt euch mal vor, eure Eltern würden plötzlich sagen: »Ach, lass doch heute die Schule sausen, ich brauche dich bei der Gartenarbeit!« Dann könntet ihr antworten: »Erstens ist Kinderarbeit verboten und zweitens bin ich schulpflichtig.« In Ägypten war das damals ganz anders.

Bestimmt hätten alle Eltern ihre Kinder gerne in die Schule geschickt, aber sie taten es oft nicht, weil sie die Kinder als Helfer brauchten. Kinderarbeit war ganz normal.

Außerdem wollte der Lehrer von den Eltern eine Gegenleistung für seine Arbeit, zum Beispiel jede Woche ein Brot oder einen Krug Bier. Das konnte sich nicht jede Familie leisten. Also lernten viele Kinder nur das, was ihre Eltern ihnen beibringen konnten.

Die anderen kamen mit fünf Jahren in die Schule. Gerne gingen sie dort nicht unbedingt hin. Der Unterricht muss furchtbar öde gewesen sein. Lesen lernten die Kinder, indem sie mit dem Lehrer im Chor stundenlang irgendwelche langweiligen Texte laut lasen.

Schreiben lernten sie, indem sie dieselben Texte immer wieder abschrieben. Das waren zum Beispiel lange Listen mit Ortsnamen und Beamtentiteln, deren Schreibweise sich die Kindern merken sollten. Wenn sie etwas nicht konnten, wurden sie vom Lehrer mit dem Rohrstock bestraft.

Das Schöne an der Schule waren die Pausen und der Schulschluss. Da spielten die Kinder Bockspringen, Ball oder Tauziehen und durften lachen und Quatsch machen. Auch zu Hause hatten es die Kinder normalerweise gut. Ihre Eltern hatten zwar nur wenig Zeit, aber dafür durften die Kinder spielen und hatten viele Geschwister und Freunde.

Viele Eltern wünschten sich, dass ihre Kinder den Schreiberberuf erlernten. Dann würden sie einmal ein angenehmes Leben haben. In einem ägyptischen Schulbuch steht: »Werde Schreiber, das bewahrt dich vor Mühsal und schützt dich vor jeder Art von Arbeit. Es befreit dich davon, den Spaten, die Hacke oder den Korb tragen zu müssen oder das Ruder zu bewegen.«

Warum hatten die Ägypter so komische Frisuren?

Auf Bildern haben die Ägypter oft einen Riesenwust von Haaren auf dem Kopf: einen dicken Pony und eine aufgebauschte Mähne, in die dann noch Perlen, Zöpfchen, Schleifen oder Stirnbänder eingearbeitet sind. Für so aufwendige Frisuren braucht man eine Menge Haare. Und da die Ägypter damals nicht mehr Haare hatten als heute, ahnt ihr vielleicht schon, was der Trick bei diesen Frisuren war: Die Ägypter trugen Perücken.

Die kunstvoll gemachten Perücken hatten einen großen Vorteil: Man konnte sie absetzen. Viele Ägypter hatten kurze Haare oder waren sogar auf dem Kopf rasiert. Wenn sie auf ein Fest gingen, setzten sie ihre prachtvolle Perücke auf – und sowie sie wieder zu Hause waren, stellten sie das Ding in die Ecke und ließen frische Luft an den verschwitzten Kopf.

Und noch etwas war sehr praktisch: In einer Perücke können sich keine Läuse einnisten. Läuse waren nämlich schon im alten Ägypten eine lästige Plage. Wer also keine Lust auf eine juckende Kopfhaut hatte, rasierte sich und setzte die Perücke auf, wenn er das Haus verließ.

> Die Ägypter hatten sowohl Haarwuchsmittel als auch Salben zum Enthaaren. Ein Rezept für eine Salbe gegen graue Haare lautet folgendermaßen: »Koche eine Maus und gib sie in Fett, bis sie verfault. Damit salbe deine Haare.«

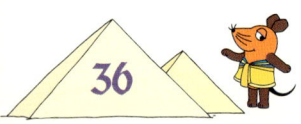

Die Ägypter trugen nicht nur prächtige Perücken, sondern liebten jede Art von Schmuck. Ihre Kleider waren normalerweise weiß und schlicht, sodass die bunten Halsketten und Armreifen umso besser zur Geltung kamen.

Dieses vornehme Paar hat sich für ein Fest schick gemacht. Normalerweise gehen die beiden barfuß und tragen viel weniger Schmuck. Leute, die nicht so reich waren, besaßen kein langes Gewand und trugen nur ein weißes Tuch um die Hüften. Es war in Ägypten aber auch völlig okay, ganz nackt durch die Gegend zu laufen.

Eine Kopflaus, 24-fach vergrößert. Dass Läuse verbreitet waren, wissen wir, weil sowohl in Mumien als auch in Kämmen Läuse und Läuseeier gefunden wurden.

kunstvoll frisierte Perücke

Augen mit Kajal geschminkt

Halskette aus mehreren Perlenreihen, die miteinander verbunden sind

Gewand aus weißem Leinen

Armreif

Handflächen und Fußsohlen wurden mit Henna gefärbt, das ist ein Rotfärbemittel, das aus zerstoßenen Blättern gemacht wird.

Sandalen aus Papyrus oder Leder

Warum wurden in Ägypten Katzen verehrt?

Es ist ja klar, dass Katzen in einem Land, in dem es so viele Getreidespeicher gab, sehr nützlich waren: Schließlich fangen sie Mäuse. Aber die Ägypter waren nicht nur nett zu ihren Katzen, sie behandelten sie wie Familienmitglieder. Wenn in einer Familie die Katze starb, trauerten alle. Hatte die Familie genug Geld, bekam die Katze ein Mumienbegräbnis und erhielt als Grabbeigaben Mäusemumien und andere Spielsachen.

Wie es den Katzen in Ägypten ging, das erinnert ein bisschen an die heiligen Kühe in Indien. Vielleicht wisst ihr, dass die Kühe dort auf den Straßen herumlaufen dürfen, wie sie wollen. Sie haben immer Vorfahrt und keiner darf eine Kuh schlachten. So ähnlich war das in Ägypten mit den Katzen: Sie waren heilige Tiere, die nicht getötet werden durften.

Chnum Schöpfergott

Re Sonnengott

Osiris Gott der Fruchtbarkeit

Isis schützt vor Raubtieren

Sobek Gott des Wassers

Die Göttin Bastet war für Liebe und Glück zuständig.

Es gab sogar eine Göttin, die als Katze oder als schöne Frau mit einem Katzenkopf dargestellt wurde, die Göttin Bastet.

Kein Mensch glaubte aber, Bastet wäre wirklich eine Katze. Bastet hatte nur ähnliche Eigenschaften wie eine Katze, war ruhig und sanftmütig. Die Göttin war außerdem sehr mächtig und konnte für die Menschen Gutes tun. Viele Frauen beteten zu ihr, wenn sie sich ein Kind wünschten. Wenn sie schwanger waren, fühlten sie sich von Bastet beschützt. Und weil sie Bastet so verehrten, sahen sie in jeder Katze immer auch ein kleines bisschen die Göttin.

Die Ägypter hatten sehr viele Götter. Einige von ihnen stellten sie auf Bildern wie Menschen dar. Die meisten standen jedoch in Verbindung zu einem Tier: Der Totengott Anubis hat auf Bildern den Kopf eines Schakals, der Wassergott Sobek den eines Krokodils und die Himmelsgöttin Hathor hat Kuhhörner auf dem Kopf. Durch das unterschiedliche Aussehen konnten die Menschen die Götter leicht erkennen und voneinander unterscheiden.

Maat
Göttin der Gerechtigkeit

Hathor
Himmelsgöttin

Anubis
Totengott

Thot
Schutzgott der Schreiber

Sachmet
Göttin des Krieges

Wie sah ein ägyptischer Tempel aus?

So sieht das Eingangstor des Horustempels heute aus.

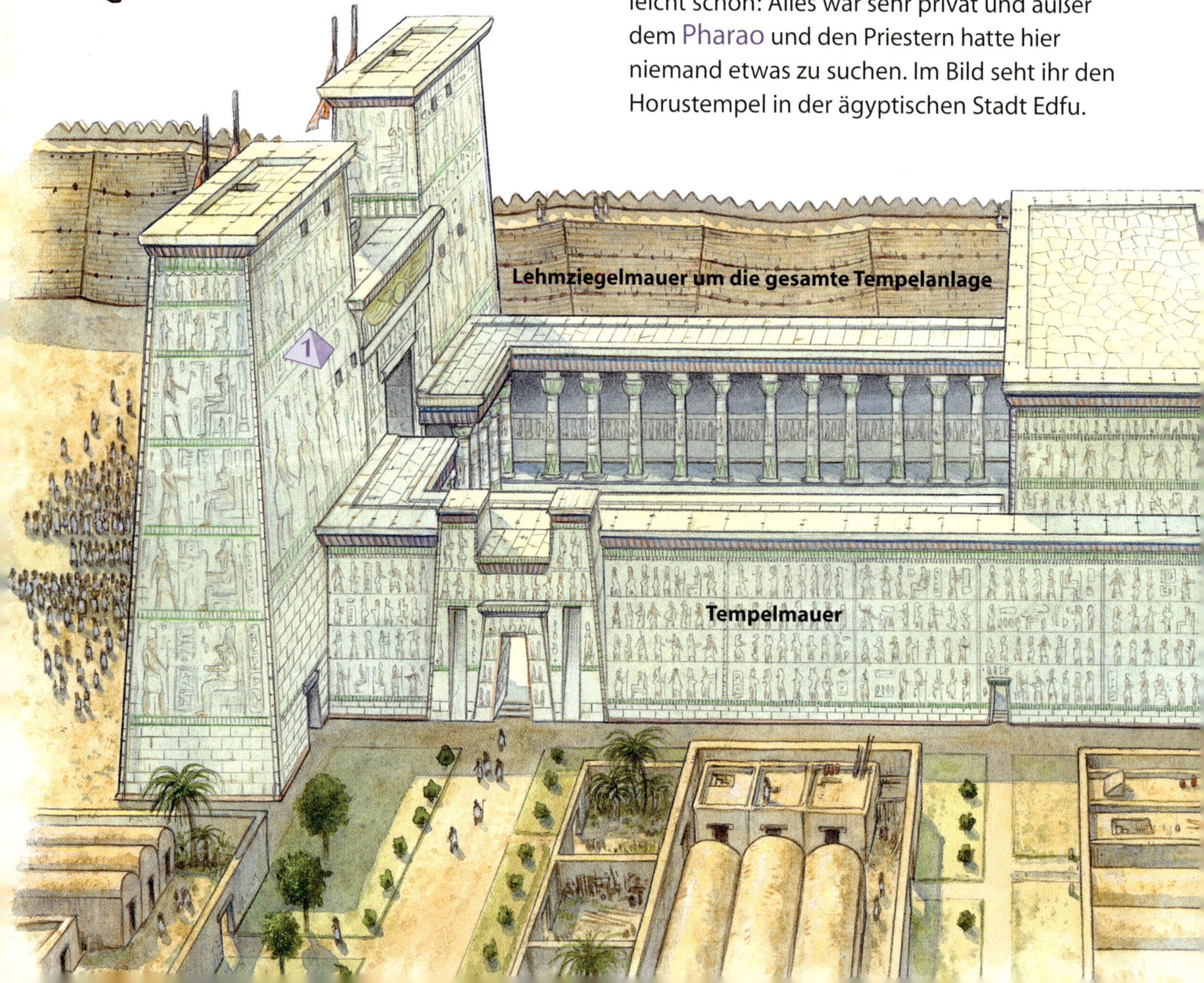

Der Tempel war die Wohnung eines Gottes und wurde daher so prunkvoll und schön wie nur möglich gebaut. Die vielen Mauern und Säulen waren aus hellem Stein und überall mit Bildern und Hieroglyphen geschmückt.

Beim Stichwort »Wohnung« ahnt ihr es vielleicht schon: Alles war sehr privat und außer dem Pharao und den Priestern hatte hier niemand etwas zu suchen. Im Bild seht ihr den Horustempel in der ägyptischen Stadt Edfu.

Lehmziegelmauer um die gesamte Tempelanlage

Tempelmauer

Wenn ein Bewohner der Stadt zu Horus beten wollte, dann ging er zur Tempelmauer und sprach von draußen zu Horus. Oder vom Tor aus. Dort fühlte er sich dem Gott nahe und wurde von ihm gehört. Horus war ein mächtiger Gott. Er wurde als Falke oder als Mensch mit einem Falkenkopf dargestellt.

Im Innern des Tempels sorgten die Priester dafür, dass es Horus immer gut ging. Sie salbten das Götterstandbild, schmückten es und zogen ihm schöne Kleider an. Sie gaben ihm sogar zu essen und zu trinken. Sie verbrannten Weihrauch und brachten dem Gott Blumen.

Durch all diese Opfer stimmten sie Horus wohlwollend und freundlich. Die Ägypter glaubten, nur so würde Horus dafür sorgen, dass die Ernte gut ausfiel und sie über ihre Feinde siegten.

1. Eingangstor
2. Vorhalle
3. Säulensaal
4. Erster Vorsaal
5. Zweiter Vorsaal
6. Allerheiligstes mit Opfertisch und Schrein für das Götterbild
7. Kammern für kultische Geräte
8. Tempelumgang
9. Nilometer: Hier wurde der Wasserstand des Nils gemessen.

Vom ersten Vorsaal führte eine Treppe auf das Dach des Tempels. An Neujahr zogen die Priester mit dem Götterbild nach oben, damit der Gott mit den ersten Sonnenstrahlen neue Kraft aufnehmen könnte.

Der Horustempel in Edfu ist 137 m lang und 64 m breit. Das ist ungefähr genauso lang wie der Kölner Dom und etwas weniger breit. Trotzdem ist dieser Tempel im Vergleich zu anderen ägyptischen Tempeln eher mittelgroß.

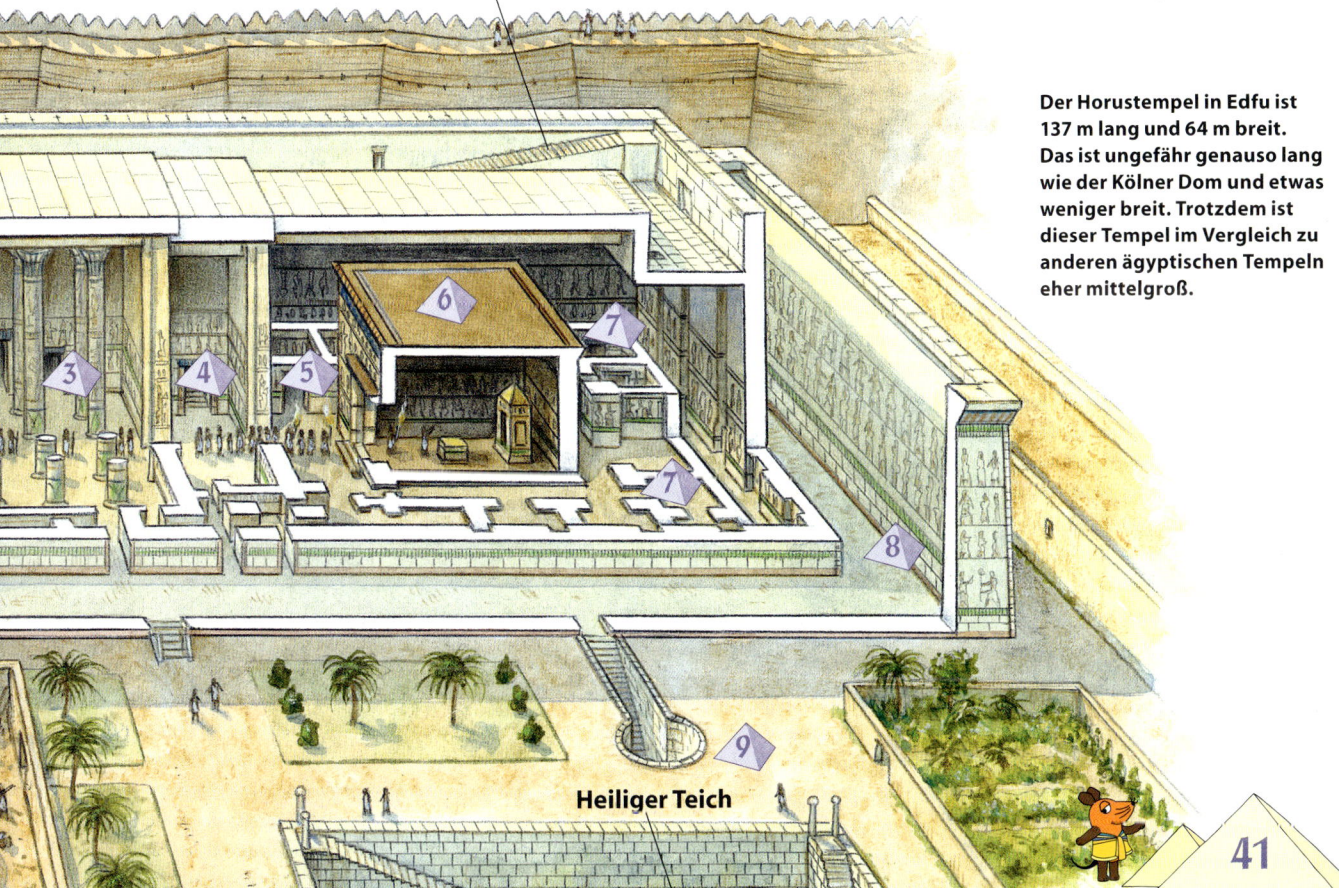

Heiliger Teich

Was für Schiffe hatten die Ägypter?

Die Ägypter waren sehr gute Seefahrer. Um das Jahr 600 vor Christus umsegelten sie ganz Afrika. Sie gruben sogar einen Kanal, der das Mittelmeer mit dem Roten Meer verbinden sollte. Doch der Kanal versandete immer wieder und wurde irgendwann aufgegeben.

Ihr wisst ja schon, dass die Menschen nur am Uferstreifen zu beiden Seiten des Nils siedelten. Alle Ägypter lebten also mehr oder weniger am Wasser. Boote waren daher sehr wichtig. Während der Überschwemmungszeit konnten die Leute ihr Dorf überhaupt nur per Boot verlassen.

Die einfachsten Boote waren die der Fischer. Sie waren aus Papyrus – einer Pflanze, die am Nilufer wächst – und wurden mit dem Stechpaddel bewegt. Die Fischer lebten sehr gefährlich, denn für ein Krokodil oder ein Nilpferd war es ein Leichtes, so einen Papyruskahn zum Kentern zu bringen.

Fischerboot

Der Nil wurde aber auch als Straße genutzt. Besser gesagt: Der Nil war die Hauptstraße des Landes, so wichtig wie für uns alle Autobahnen und Eisenbahnstrecken zusammen. Viele Reisenden benutzten die Nilschiffe und die meisten Waren wurden auf dem Nil befördert.

Spezialtransporte gab es für Obelisken und andere Riesensteine wie zum Beispiel die Granitplatten, die in der Cheopspyramide verbaut wurden. Solche Steine hätten als normale Ladung jedes Schiff sofort zum Kentern gebracht. Deswegen benutzten die Ägypter einen Trick, den ihr vielleicht auch kennt.

Habt ihr schon mal versucht, ein anderes Kind unter Wasser huckepack zu tragen? Dann habt ihr bestimmt gemerkt, dass das gar nicht schwer ist. Unter Wasser ist das andere Kind viel leichter als an Land. Das gilt auch für Steine. Eine Granitplatte, die 40 Tonnen wiegt (das sind 40 000 Kilo, so viel wie 40 Autos), wiegt im Wasser nur noch 25 Tonnen (25 Autos).

Ägyptischer Spezialtransporter:

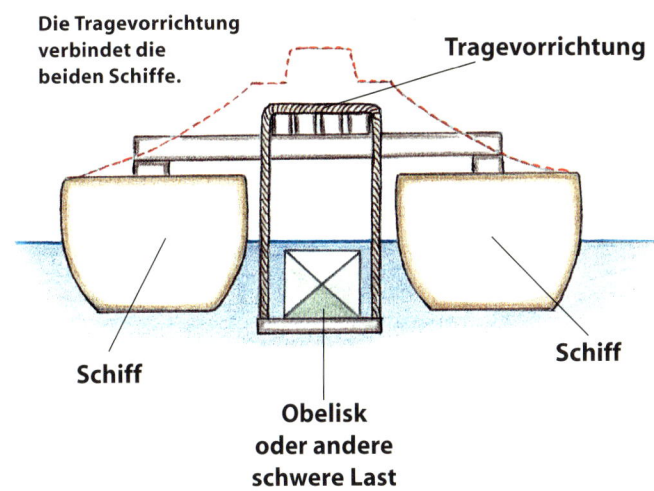

Die Tragevorrichtung verbindet die beiden Schiffe.

Tragevorrichtung

Schiff

Schiff

Obelisk oder andere schwere Last

Also befestigten die Schiffer solche Ladungen unter dem Schiff, genauer gesagt: unter der Mitte eines Doppelschiffs, das von mehreren Ruderbooten gezogen und gesteuert wurde. Die Ägypter hatten auch Seeschiffe, mit denen sie das Mittelmeer und das Rote Meer befuhren. Auf diese Weise trieben sie Handel mit anderen Ländern, die am Mittelmeer und an der Küste Afrikas lagen.

Handelsschiff

Spezialtransporter für sehr schwere Lasten

Wenn der Wind aus der richtigen Richtung blies, klappten die Schiffer die Mastbäume hoch und setzten die Segel.

Hatten die Ägypter Feinde?

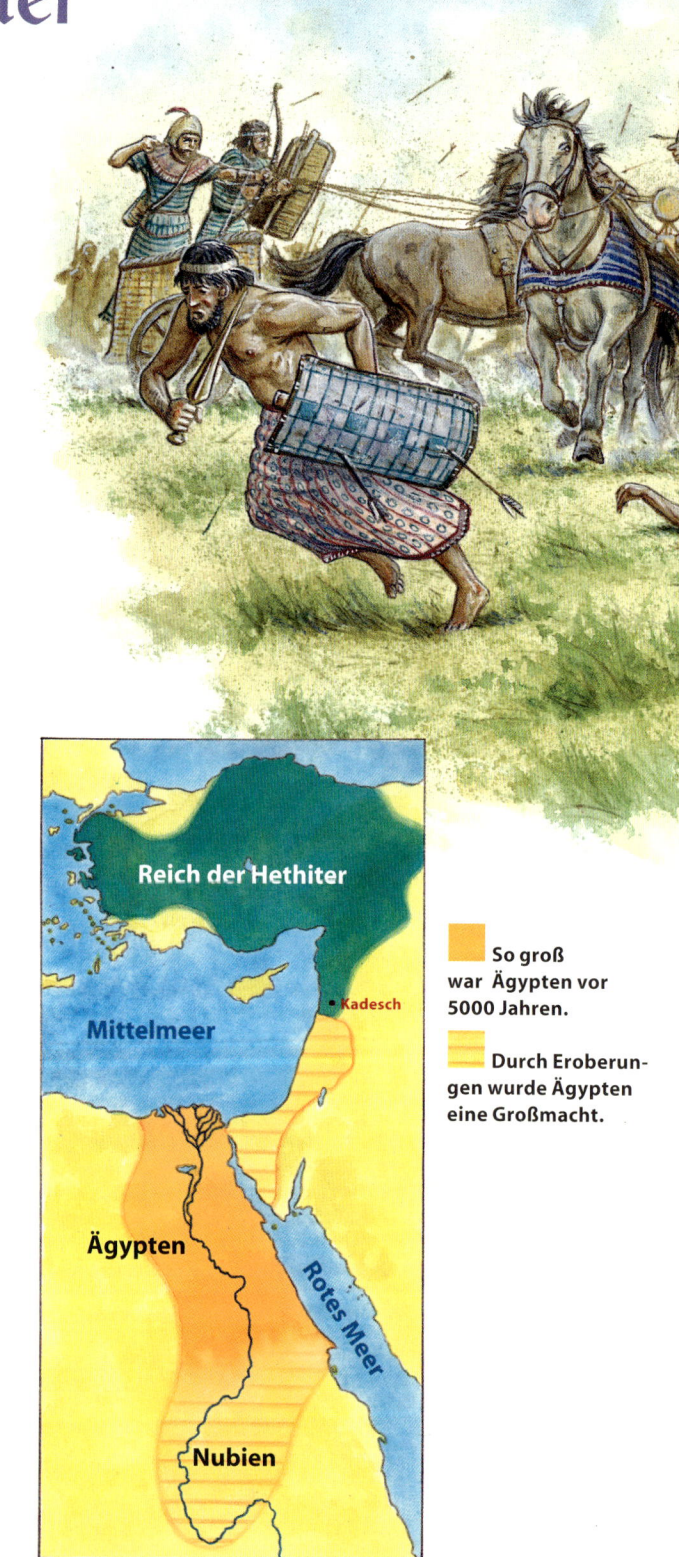

Na klar. Ägypten war 3000 Jahre lang ein mächtiges und reiches Land. Natürlich gab es da Nachbarvölker, die neidisch waren und das Land angriffen. Ja, die Ägypter hatten einige Feinde. Aber vor allem waren die Ägypter selbst Feinde, zum Beispiel für die Nubier.

In Nubien gab es nämlich Gold. Und dieses Gold wollten die ägyptischen Könige sehr gerne haben, um damit ihre Tempel und Grabbauten auszuschmücken. Zuerst tauschten sie es gegen andere Waren. Doch dann eroberten sie Nubien. Nun gehörte das Land zu Ägypten. Der Pharao plünderte es rücksichtslos aus und die Nubier mussten für die Ägypter arbeiten und Kriegsdienst leisten.

Die Ägypter führten viele Kriege. Besonders häufig kam es zum Krieg, nachdem ein Pharao gestorben war und sein Nachfolger neu auf dem Thron war. Das hatte zwei Gründe:

1. Unterworfene und verfeindete Völker sahen nun ihre Chance gekommen: Der neue Pharao war noch jung und unerfahren. Wenn sie sich jetzt auflehnten oder Ägypten angriffen, würden sie keinen starken Gegner haben.

So groß war Ägypten vor 5000 Jahren.

Durch Eroberungen wurde Ägypten eine Großmacht.

Die ägyptischen Soldaten kämpften vor allem mit Pfeil und Bogen sowie mit der Lanze.

Ramses II. nimmt auf einem Streitwagen am Kampf teil.

Über die Schlacht bei Kadesch wissen wir ziemlich gut Bescheid, weil sowohl ägyptische als auch hethitische Berichte erhalten sind.

 2. Der neue Pharao musste erst einmal allen beweisen, dass er ein fähiger König war. Das ging am besten, wenn er ein paar erfolgreiche Feldzüge unternahm und reichlich Kriegsbeute nach Hause brachte.

So machte es auch König Ramses II. Sein erster Feldzug nach Asien verlief erfolgreich. Auf dem zweiten Feldzug brach er mit 20 000 Mann auf, um die mächtigen Hethiter zu besiegen. Doch der König wurde unvorsichtig und marschierte mit einem Viertel seines Heeres voraus. Darauf hatte der Hethiterkönig Muwatallis nur gewartet: Mit seinem 40 000 Mann starken Heer umzingelte er Ramses' Soldaten. Nur durch viel Glück konnte Ramses entkommen. Zu Hause stellte er seine Niederlage trotzdem als großartigen Sieg dar.

Einige Jahre später schlossen die Hethiter und die Ägypter einen Friedensvertrag. Darin vereinbarten die beiden Großmächte, sich gegenseitig beizustehen, wenn sie von einem Dritten angegriffen wurden.

Hatten die Ägypter schon Geld?

Stellt euch vor, ihr könntet eine Zeitreise machen. Ihr landet auf einem Markt in der Stadt Theben und wollt euch etwas zu essen kaufen. Geld ist Geld, denkt ihr und haltet der Bäckerin einen Euro hin. Ungläubig würde sie den Euro anstarren, dann seine Schönheit bewundern und bestaunen. Was für ein kunstvoll verziertes Schmuckstück! Das muss sofort der Marktaufseher sehen. Nein, besser der Priester. Oder gleich der Pharao. Nie im Leben würde sie glauben, dass der Euro ganz normales Geld ist. Denn Münzen gab es damals noch nicht.

Natürlich gab es auch keine Geldscheine und schon gar keine Sparbücher und Bankkonten. Trotzdem gab es eine Art Geld, und das sah so aus:

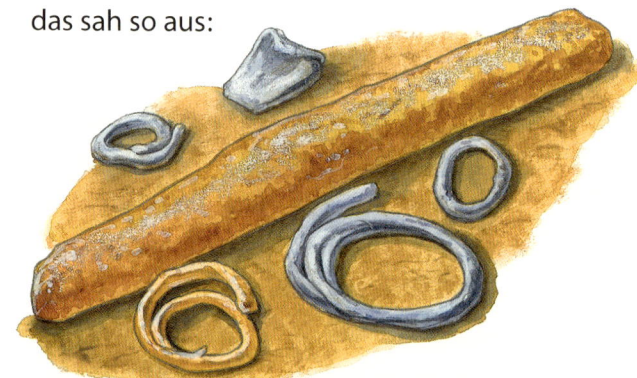

Geld konnte aus Kupfer, Silber, Gold oder einem anderen Edelmetall sein. Es gab Ringgeld und Geld in kleinen Barren, die immer genau einen Deben wogen, das sind 91 Gramm.

Zum Bezahlen wurde das Geld aber nur selten verwendet. Die Menschen tauschten meistens: Brot gegen Fisch, ein Hemd gegen zwei Säcke Gerste oder auch gegen eine Woche Arbeit. Das Geld brauchten sie vor allem, um den Wert einer Ware angeben zu können.

Das Geld war also ein Wertmesser, ähnlich wie bei uns eine Waage ein Gewichtmesser ist. Ein Kilo bleibt immer ein Kilo – egal ob ihr nun Mehl oder Sand abwiegt. In Ägypten blieb ein Deben immer ein Deben – egal ob es sich nun um 10 Brotlaibe oder um eine Rasierklinge handelte. Die Preise änderten sich nicht.

Deswegen war es auch für keinen Handwerker ein Problem, dass der Lohn nicht in Kupfer-Deben, sondern in Getreide, Öl, Bier und Kleidung ausgezahlt wurde.

Ungefähr 1000 v. Chr. begannen die Beamten der Tempelschatzhäuser, die Barren zu stempeln. Der Stempel bedeutete, dass der Barren sorgfältig geprüft worden war und garantiert genau einen Deben wog. Erst lange nachdem im Mittelmeerraum schon griechische Münzen in Umlauf waren, wurden in Ägypten die ersten Münzen geprägt.

So viel waren die Waren wert:

Brot: 1 Kite (= 1 Zehntel Deben)

3 Kite (= 3 Zehntel Deben)

kleine Dienerfigur als Grabbeigabe: 1 Kupfer-Deben

3 Kupfer-Deben

5 Kupfer-Deben

Spiegel aus poliertem Metall: 6 Kupfer-Deben

20 Kupfer-Deben

einfacher Holzsarg: 30 Kupfer-Deben

Woran ist Kleopatra gestorben?

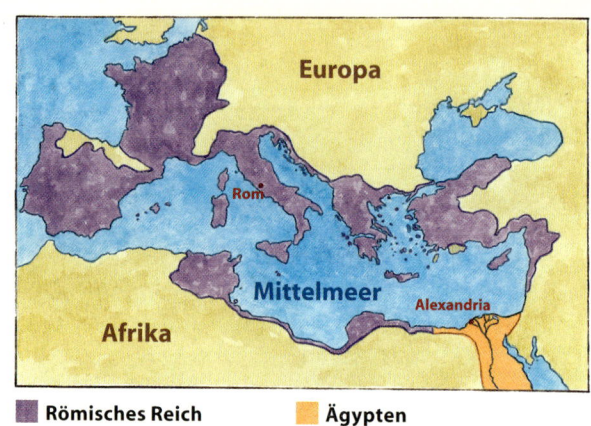

Römisches Reich **Ägypten**

Kleopatra war die allerletzte Pharaonin Ägyptens. Im Jahr 30 v. Chr. besiegten römische Truppen das ägyptische Heer und nahmen die Königin gefangen. Kleopatra tötete sich selbst, um von den Römern nicht gedemütigt zu werden. Die hätten die besiegte Königin vermutlich mit nach Rom genommen und gefesselt als Kriegsgefangene durch die Straßen der Stadt geführt. Das wollte Kleopatra lieber nicht erleben.

Also sorgte sie dafür, dass ein hoch wirksames Schlangengift in ihr Gefängnis geschmuggelt wurde. Vielleicht hat sie sich tatsächlich von einer lebenden Giftschlange beißen lassen. Das behaupteten jedenfalls ihr Arzt und andere Vertraute.

Doch wahrscheinlich stimmt das nicht. Vermutlich wollte der Arzt nur, dass die Königin auch nach ihrem Tod noch einen guten Ruf haben sollte: Die Schlange, ein heiliges Tier des Sonnengottes Re, war auch auf der Pharaonenkrone nachgebildet. Der Tod durch einen Schlangenbiss wäre einer Pharaonin würdig gewesen.

Kleopatra hatte alles versucht, damit Ägypten ein eigenständiges Reich blieb. Doch gegen die mächtigen Römer, die damals ein Land nach dem anderen eroberten, hatte sie keine Chance. Ägypten wurde zu einem Teil des riesigen Römischen Reiches. Von nun an herrschte in Ägyptens Hauptstadt Alexandria nicht mehr der Pharao, sondern ein Verwalter, der für den Kaiser von Rom arbeitete.

> Kleopatra hatte eine Liebesaffäre mit dem mächtigsten Römer ihrer Zeit: Gaius Julius Caesar. Durch diese Verbindung konnte sie ihre Herrschaft noch einige Jahre sichern. Doch dann wurde Caesar ermordet. Wäre das nicht passiert, hätte Kleopatra vielleicht noch lange Pharaonin bleiben können.

Zu Kleopatras Zeit war Alexandria die Hauptstadt des ägyptischen Reichs. Im Stadtgebiet wurden zahlreiche große und kleine Statuen der Königin gefunden. Auch dieses kleine Köpfchen gehörte zu einer solchen Statue.

Kleopatra wurde in ihrem eigenen Palast gefangen gehalten. Ohne dass die Wachen etwas merkten, brachten sie und ihre Dienerinnen sich gemeinsam um.

49

Gab es im alten Ägypten schon Bücher?

Bücher gab es schon, aber sie sahen ganz anders aus als heute. Auch die Inhalte waren anders. Kinderbücher gab es zum Beispiel überhaupt nicht. Wenn die Kinder eine Geschichte hören wollten, mussten sie zu ihrer Großmutter gehen und sie bitten, ihnen etwas zu erzählen.

Überhaupt waren Bücher nichts für normale Leute, sondern eher für Gelehrte. Das hängt auch damit zusammen, dass jedes Buch einzeln von Hand geschrieben werden musste und daher sehr kostbar war. In Ägypten gab es viele Schreiber, die von morgens bis abends nichts anderes taten, als Bücher abzuschreiben.

Sie schrieben nicht auf Papier, sondern auf Papyrus. Das klingt schon mal ähnlich. Unser Wort Papier ist nämlich von dem ägyptischen Wort »pa-per-ao« abgeleitet, aus dem die Griechen dann »pápyros« machten.

Und Papyrus ist auch ein ganz ähnliches Material: Wie das Papier wird er aus einer Pflanze gewonnen, und zwar aus der Papyrusstaude. Die fertigen Papyrusbögen klebten die Ägypter dann einfach aneinander und rollten sie auf.

Schreiber waren sehr angesehen und wurden für ihre Arbeit gut bezahlt. Wenn sie nicht in einer Bibliothek angestellt waren, schrieben sie vor allem Briefe, Verträge und Urkunden – für andere Leute, die selbst nicht schreiben konnten.

So wird Papyrus hergestellt:

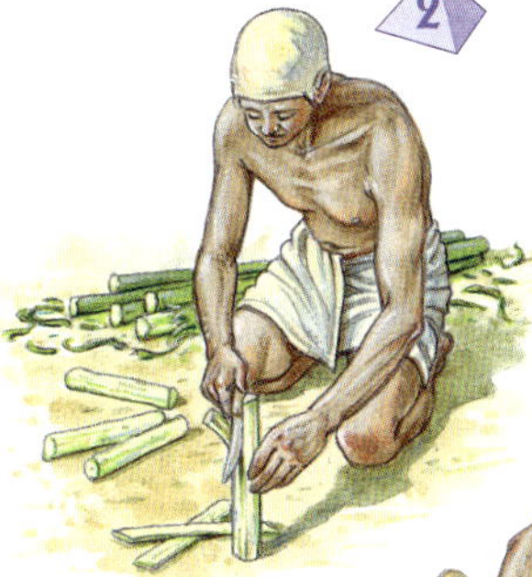

1. Zuerst werden die Stauden am Nilufer geerntet.

2. Das Mark schneidet man in dünne Streifen.

3. Die Streifen werden kreuzweise übereinandergelegt und festgeklopft.

4. Nachdem die Papyrusbögen getrocknet sind, werden sie glatt geschmirgelt.

5. Zum Schluss werden die Bögen zu langen Bahnen zusammengeklebt.

Wenn ein Ägypter ein Buch las, brauchte er also beide Hände: Mit der linken Hand hielt er den Anfang der Rolle und mit der Rechten rollte er sie immer weiter auf. Wenn er alles durchgelesen hatte, musste er die Rolle wieder komplett aufrollen, damit der nächste Leser auch am Anfang loslegen konnte.

Als Kleopatra Königin von Ägypten war, gab es in der Bibliothek der damaligen Hauptstadt Alexandria ungefähr 700 000 Schriftrollen. Die Rollen wurden, in Regalen liegend, aufbewahrt oder in Körbe oder Krüge gestellt.

Wie haben die Menschen damals ihre Zeit genannt?

Sie konnten schließlich nicht sagen: Die Cheopspyramide haben wir um das Jahr 2550 vor Christus gebaut. Logisch, denn alles in ihrer langen Geschichte ereignete sich lange, bevor Jesus Christus lebte!

Nehmen wir einmal an, ein Reisender fragte die Leute, wann die letzte Hungersnot gewesen sei. Dann bekam er vielleicht zur Antwort: »Das war nach dem Jahr, in dem wir Krieg gegen die Nubier führten.« Oder: »Das war im 14. Regierungsjahr unseres Pharao.«

Mit jedem neuen Pharao begann also eine neue Zeitrechnung. Das störte niemanden. Die Ägypter legten keinen Wert darauf, die Jahre so genau hintereinander weg abzuzählen, wie wir das tun.

Es war ihnen nicht wichtig, wie viele Jahre alt die Cheopspyramide nun ganz genau war. Doch wann die Nilflut einsetzen würde und wann man säen musste, das war sehr wichtig. Und deswegen hatten die Ägypter schon einen genauen und sehr übersichtlichen Kalender: Es gab zwölf Monate. In jeden Monat passten genau drei Wochen mit jeweils zehn Tagen.

In Ägypten gab es nur drei Jahreszeiten. Die erste Jahreszeit hieß »Überschwemmung«. Dann kam der »Winter« – die Zeit der Aussaat – und schließlich der »Sommer« – die Zeit der Ernte.

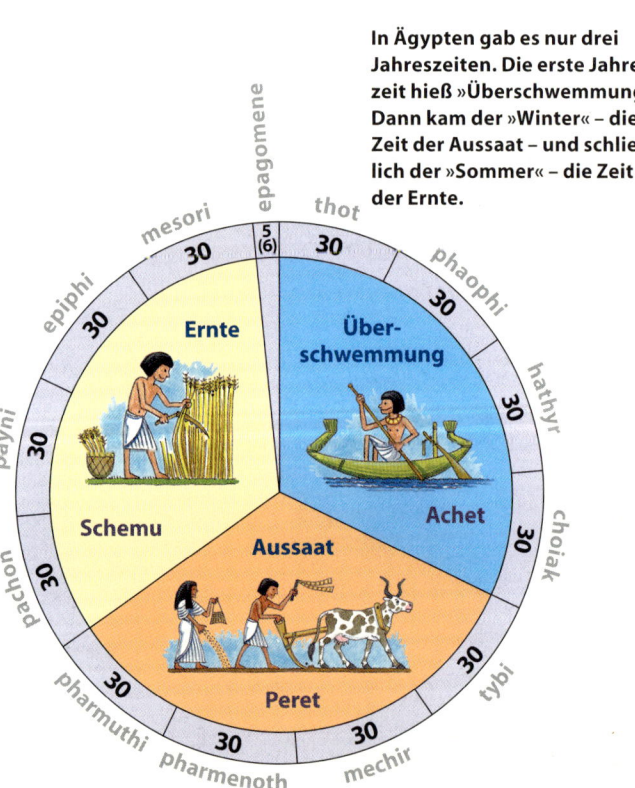

Unser Kalender

Man merkt, dass die Ägypter Ordnung und Klarheit liebten: In ihrem Kalender sind alle Monate gleich lang. Bei unserem Kalender muss man sich gut merken, welcher Monat 30 und welcher 31 Tage hat. Und der Februar hat sogar nur 28 Tage. Oder 29 Tage.

Das Jahr begann mit der Nilflut, und zwar immer am selben Wochentag. Jedes Jahr war also gleich. Dass die Leute sich am Ende des Jahres einen neuen Kalender anschaffen mussten – wie bei uns –, das hätte es in Ägypten nicht gegeben!

An die zwölf Monate wurden noch fünf Feiertage angehängt, die verschiedenen Göttern geweiht waren. Ein normales Jahr dauerte bei den Ägyptern also:

12 Monate • 30 Tage = 360 Tage
+ 5 Tage
= 365 Tage

Aber die Ägypter hatten auch schon herausgefunden, dass das nicht ganz reicht. Vielleicht wisst ihr, dass ein Jahr eigentlich 365 ¼ Tage hat. Bei uns gibt es deswegen alle vier Jahre einen extra Tag, den 29. Februar.

In Ägypten entschieden die Priester, ob es mal wieder an der Zeit war, einen solchen Zusatztag einzufügen. Sie hatten beobachtet, dass Sirius, der hellste Stern, während des Sommers nicht am Himmel steht. Pünktlich wenn die Nilflut einsetzte, erschien auch Sirius wieder am Morgenhimmel. Also passten die Priester den Jahresanfang immer wieder an das erste Erscheinen dieses Sternes an.

Priester begrüßen den ersten Aufgang des Sirius. Wenn sich dieser Stern zum ersten Mal am Himmel zeigte, setzte in Ägypten die Nilflut ein, das wichtigste Ereignis im Jahreslauf.

Mauslexikon

Ägyptologe: → Archäologe, der sich auf das alte Ägypten spezialisiert hat. Ägyptologen arbeiten vor allem in Museen und an Universitäten.

Amun: Mächtiger Gott, der in der Hauptstadt Theben besonders verehrt wurde. Später wurde er mit dem Sonnengott → Re gleichgesetzt und galt unter dem Namen Amun-Re als höchster Gott.

Anubis: Totengott, der die Mumien vor bösen Geistern schützte. Wird mit dem Kopf eines Schakals abgebildet. Eine Schakalsmaske trug deshalb auch der Einbalsamierer, wenn er am toten Körper arbeitete.

Arabisch: Heutige Landessprache in Ägypten. Wird in allen Ländern Nordafrikas und der arabischen Halbinsel gesprochen.

Archäologe: Altertumsforscher, der anhand der Überreste von Gebäuden und Siedlungen erforscht, wie die Menschen früher gelebt haben. Diese »Überreste« sind häufig Gräber, aber auch andere Bauten, von denen oft nur die untersten Lagen der gemauerten Wände erhalten geblieben sind, außerdem Scherben, Knochen, Inschriften.

Bastet: Göttin für Liebe und Glück, die auf Bildern mit einem Katzenkopf gezeigt wird. An ihrem Festtag war es verboten, auf Löwenjagd zu gehen.

Demotisch: Für die ägyptische Sprache gab es zwei Schriften, die komplizierte Hieroglyphenschrift und das einfachere → Hieratisch. Diese Schrift wurde später nochmals vereinfacht und abgekürzt zur demotischen Schrift (»Schrift des Volkes«).

Flachs: (sprich: Flax) Pflanze, die die Ägypter auf zweierlei Weise nutzten: Die Fasern spannen sie zu Garn, aus dem Leinen gewebt wurde. Die Samen pressten sie zu Leinöl.

Hathor: Himmelsgöttin, oft als Kuh dargestellt. Ihr Beiname »Herrin des Schreckens« zeigt, wie bedrohlich sie sein konnte. Gleichzeitig war sie aber auch für Musik, Tanz und Liebe zuständig.

Hethiter: Mächtiges Volk, das in dem Gebiet lebte, wo heute die Türkei ist. Die Hethiter hatten wie die Ägypter eine eigene Schrift, die sogenannte Keilschrift.

Hieratisch: Die ägyptische Sprache ließ sich in zwei verschiedenen Schriften festhalten: Die Hieroglyphen (»heilige Schriftzeichen«) waren am aufwendigsten und schönsten und wurden für Inschriften und für die Wände von Tempeln verwendet. Für den täglichen Gebrauch gab es hieratische (»priesterliche«) Schriftzeichen, mit denen das Schreiben viel schneller ging.

Horus: Himmelsgott, der als Falke oder Mensch mit Falkenkopf abgebildet wurde. Die Ägypter glaubten, dass Horus im gerade regierenden → Pharao Menschengestalt annahm.

Kairo: Heutige Hauptstadt Ägyptens. Kairo liegt im Norden des Landes, in der Nähe der Cheopspyramide, und hat über 8 Millionen Einwohner. In Kairo befindet sich das Ägytische Museum, in dem unter anderem die Schätze des Tutanchamun-Grabs ausgestellt sind.

Kajal: Schminke, mit der die Augen umrandet werden. Heute benutzen wir Kajalstifte, die Ägypter trugen die Schminke einfach mit dem Finger oder mit einem winzigen Pinsel auf. Sie hatten grünen, grauen und schwarzen Kajal, den sie aus Fett und Ruß oder pulverisiertem Gestein herstellten.

Kanope: Gefäß zum Aufbewahren der inneren Organe eines Toten. Die Deckel der Kanopen waren meist mit den Köpfen von Schutzgöttern geschmückt.

Koptisch: Die ägyptische Sprache, wie sie sich in der Spätzeit entwickelt hatte. Sie wurde mit griechischen Buchstaben geschrieben und ist noch heute als Kirchensprache bei den ägyptischen Christen in Gebrauch.

Lebenshaus: Heute würden wir das eine Arztpraxis nennen. Das Lebenshaus gehörte zum Tempel. Hier wurden Kranke behandelt und medizinische Schriften verfasst und aufbewahrt.

Lohn: Geld, das jemand für seine Arbeit erhält. In Ägypten verdiente ein niederer Diener einen Sack Getreide (= zweieinhalb Deben) im Monat, ein Laufbote 5 Sack und ein mittlerer Beamter ungefähr 80 Sack im Monat.

Magazin: Bei einer Grabung nennt man so den Aufbewahrungsort für sämtliche Funde. Da archäologische Funde grundsätzlich im Land bleiben müssen, ist das Magazin normalerweise ein gemauertes, abschließbares Haus. Das Wort »Magazin« hat noch andere Bedeutungen, zum Beispiel »Zeitschrift«.

Mumie: Totes Lebewesen, bei dem kein Verfall stattfindet. In Ägypten wurden die Toten gesalzen und einbalsamiert und dadurch vor dem Verwesen bewahrt. Es gibt auch natürliche Mumien, z. B. Tote, die sich in Torfmooren erhalten haben oder die in Wüsten vertrocknet sind.

Nubien: Gebiet südlich von Ägypten, dort wo heute der Sudan liegt. Die Ägypter eroberten das Land und beuteten es aus. In Nubien gab es Gold, außerdem Holz, das die Ägypter für den Schiffbau brauchten.

Obelisk: Hoher Steinpfeiler mit vergoldeter Spitze. Wurden vor allem in den Heiligtümern des → Amun und des Sonnengottes → Re aufgestellt. Während die frühen Obelisken aus einzelnen Steinen gemauert wurden, fand man es später großartiger, wenn sie aus einem einzigen Steinblock bestanden. Der größte ägyptische Obelisk wiegt ungefähr 500 Tonnen und steht heute in Rom.

Opfer: Die Ägypter beteten nicht nur zu ihren Göttern, sie machten ihnen auch Geschenke, z.B. Blumen oder duftenden Weihrauch. Durch solche Opfer sollten die Götter freundlich gestimmt werden.

Papyrus: Sumpfpflanze, aus der das Schreibmaterial Papyrus hergestellt wurde, außerdem noch alles mögliche andere: Schnüre, Matten, Sandalen, Särge und sogar Boote.

Pharao: König von Ägypten. Er übernahm das Königsamt normalerweise von seinem Vater und übte es bis zu seinem Tod aus.

Re: Sonnengott, der mit dem Kopf eines Falken abgebildet wurde.

Sarkophag: Großer Steinsarg, in den der Holzsarg mit der Mumie gelegt wurde. Wörtlich übersetzt bedeutet das griechische Wort »Fleischfresser«. Ein Sarkophag ist also ein Behältnis, das »Fleisch« aufnimmt.

Sirius: Hellster Stern am Himmel (nur die Planeten Venus und Jupiter und der Mond können heller scheinen). Nicht das ganze Jahr über zu sehen. Sein erstes Erscheinen am Himmel fiel jedes Jahr mit der Nilflut zusammen. Für die Ägypter war dies kein Zufall, sondern ein Zeichen der Götter. Sie machten den ersten Siriusaufgang zum Ausgangspunkt für ihren Kalender.

Sobek: Wassergott, hat auf Bildern einen Krokodilskopf. Nach ägyptischer Vorstellung brachte sein Schweiß das Wasser des Nils hervor.

Tal der Könige: Totenstadt, am westlichen Ufer des Nils in der Nähe der Hauptstadt Theben gelegen: Hier wurden einige hundert Jahre lang die → Pharaonen bestattet, unter ihnen Tutanchamun und Ramses II.

Thot: Gott des Mondes, zuständig für alles, was mit Rechnen und Messen zu tun hat. Er war der besondere Schutzgott der Schreiber und wurde als Pavian oder Ibis oder Mensch mit Ibiskopf dargestellt, mit Griffel und Schreibtafel in der Hand.

Register

Abd-el-Rassul, Achmed 28
Ägyptischer Kalender 52/53
Ägyptologen 26/27
Anubis 20, 39
Arabisch 17, 25
Archäologen 4, 24–26, 28
Asasif 27

Bastet 39
Budka, Julia 26/27

Carter, Howard 4
Champollion, Jean-FranVois 23
Cheopspyramide 10–15

Deben 46/47
Demotisch 22, 26
Doppelkrone (= pschent) 9

Echnaton 8

Geißel 9
Grabkammer 5, 19, 21
Grabräuber 28/29
Grabung 24–26

Hathor 39
Henna 37
Herrscherstab 9
Hethiter 8, 45
Hieratisch 26
Hieroglyphen 22/23
Horus 41
Horustempel 40/41

Kairo 28
Kajal 32, 37
Ka-Kammer 19
Kanope 16
Kite 47
Kleopatra 48/49
Koptisch 26

Lebenshaus 32/33
Lohn 47

Magazin 29
Mastaba 21
Mumie 16–18

Nil 6/7
Nilflut 6
Nubien 44

Obelisk 43
Opfer 31, 41
Osiris 38

Papyrus 42, 50/51
Pharao 7–9, 40, 44, 52
Pyramide 10–15

Qufti 24

Rais 25
Ramses II. 45
Re 21, 38, 48

Sarkophag 19, 21
Schaduf 7
Schlacht bei Kadesch 45
Sirius 6, 53
Skarabäus 16
Sobek 39

Tal der Könige 4, 28, 30
Thot 20, 39
Tutanchamun 4, 29

FRAG doch mal...

Die große Sachbuchreihe mit der Maus!

Frag doch mal ... die Maus!
Ritter und Burgen
ISBN 978-3-570-13145-9

Frag doch mal ... die Maus!
Unser Wald
ISBN 978-3-570-13146-6

Frag doch mal ... die Maus!
Autos
ISBN 978-3-570-13147-3

Frag doch mal ... die Maus!
Zeitreise
ISBN 978-3-570-13148-0

Frag doch mal ... die Maus!
Dinosaurier
ISBN 978-3-570-13149-7

Frag doch mal ... die Maus!
Flugzeuge
ISBN 978-3-570-13150-3

Frag doch mal ... die Maus!
Meere und Ozeane
ISBN 978-3-570-13151-0

Frag doch mal ... die Maus!
Mein Körper
ISBN 978-3-570-13152-7

Frag doch mal ... die Maus!
Pferde
ISBN 978-3-570-13153-4

Frag doch mal ... die Maus!
Fußball
ISBN 978-3-570-13404-7

Frag doch mal ... die Maus!
Weltall
ISBN 978-3-570-13155-8

Frag doch mal ... die Maus!
Indianer
ISBN 978-3-570-13402-3

Frag doch mal ... die Maus!
Wale und Delfine
ISBN 978-3-570-13156-5

Frag doch mal ... die Maus!
Wetter und Klima
ISBN 978-3-570-13401-6

Frag doch mal ... die Maus!
Piraten
ISBN 978-3-570-13683-6

Frag doch mal ... die Maus!
Tiere aus aller Welt
ISBN 978-3-570-13634-8

Frag doch mal ... die Maus!
Weltreligionen
ISBN 978-3-570-13622-5

Frag doch mal ... die Maus!
Unsere Erde
ISBN 978-3-570-13400-9

Frag doch mal ... die Maus!
Berühmte Entdecker
ISBN 978-3-570-13633-1

Frag doch mal ... die Maus!
Ägypten
ISBN 978-3-570-13164-0

Frag doch mal ... die Maus!
Im Zoo
ISBN 978-3-570-13163-3

cbj

www.cbj-verlag.de/diemaus